AF499677

DISCOURS

PRONONCÉS

A LA CHAPELLE IMPÉRIALE

DES TUILERIES.

CARÊME DE 1856.

PARIS. — IMPRIMERIE D'ADRIEN LE CLERE ET Cie,
Rue Cassette, 29, près Saint-Sulpice.

DISCOURS

PRONONCÉS

A LA CHAPELLE IMPÉRIALE DES TUILERIES

PENDANT LE CARÊME 1856

PAR

M. L'ABBÉ CHARLES DE PLACE

Chanoine de l'Église de Paris
Prédicateur ordinaire de S. M. l'Empereur.

Deuxième Édition

PARIS

LIBRAIRIE ADRIEN LE CLERE ET Cie

Imprimeurs-Libraires de N. S. P. le Papé et de l'Archevêché de Paris

RUE CASSETTE, 29, PRÈS SAINT-SULPICE.

1857

PREMIER DIMANCHE DE CARÊME.

DISCOURS

SUR

LES TROIS TENTATIONS DU CHRÉTIEN DANS LE MONDE.

DISCOURS

SUR

LES TROIS TENTATIONS DU CHRÉTIEN

DANS LE MONDE.

Jesus ductus est in desertum à Spiritu, ut tentaretur (1).

Jésus fut conduit par l'Esprit au désert pour y être tenté.

De l'Évangile de ce jour.

Sire,

La tentation de Jésus-Christ est tout ensemble la leçon et la force du chrétien. Par ses épreuves, le Fils de Dieu nous apprend que la vie n'est qu'une

(1) Matth. IV, 1.

arène et que la vertu ne peut se passer du combat. Par son triomphe, il nous prouve sa puissance, et que sa grâce, qui ne manque jamais, suffit dans toutes les luttes et pour toutes les victoires de l'âme. Entrons, mes Frères, dans ces pensées de la Foi, et considérons Jésus-Christ dans trois tentations diverses. D'abord, le tentateur le prend par les nécessités de la vie, c'est-à-dire par un devoir : « Si vous êtes le Fils de Dieu, commandez que ces pierres se changent en pain. » *Si Filius Dei es, dic ut lapides isti panes fiant* (1). Il le prend ensuite par une illusion : « Jetez-vous du haut du temple : car il a ordonné à ses anges de vous porter en leurs mains. » *Si Filius Dei es, mitte te deorsùm. Scriptum est enim : Quia angelis suis mandavit de te, et in ma-*

(1) Matth. IV, 3.

nibus tollent te (1). Il le prend enfin par une passion : « Si vous vous mettez à mes pieds pour m'adorer, je vous donnerai l'empire du monde. » *Hæc omnia tibi dabo, si cadens adoraveris me* (2). Ainsi a-t-il attaqué le Maître : ainsi attaque-t-il tous les jours les disciples. Qui n'est tenté ou par un devoir, ou par une illusion, ou par une passion ? Instruisons-nous donc par l'exemple d'un Dieu, et apprenons de lui l'art de combattre et le secret de vaincre l'ennemi de nos âmes. C'est tout le but de ces réflexions que je tire de l'Évangile de ce jour et que je place sous la protection de la très-sainte Vierge.

(1) Matth. IV, 6.
(2) Matth. IV, 9.

I.

La première tentation du chrétien dans le monde tient aux nécessités de la vie. Qu'y a-t-il de plus légitime et dont l'homme se puisse moins dispenser que le soin des affaires personnelles dans l'ordre de la famille, ou des affaires publiques dans l'ordre de la société? Il y a là plus que des intérêts ; il y a des devoirs. Et cependant, à côté de ces devoirs il y a un péril, celui d'une préoccupation excessive des choses de ce monde, en sorte qu'on en vienne à oublier Dieu, l'âme et l'éternité.

Combien d'hommes se laissent prendre à ce piége et succombent! Ils perdent de vue la grande maxime de saint Bernard, que le chrétien ne doit que se prêter aux sollicitudes du temps (1): eux, ils s'y donnent et tout entiers. Loin de se reprocher cet abandon de tout eux-mêmes, ils s'en applaudissent comme d'une vertu. En oubliant Dieu, ils s'imaginent obéir à Dieu même qui est l'auteur de la société et qui en a créé les obligations; comme si la Providence pouvait être opposée à elle-même! Comme si le secret d'entrer dans ses desseins n'était pas de régler si bien la vie que ni les soins de la religion ne nuisent aux devoirs de la société, ni les soins de la société aux devoirs de la religion!

En effet, mes Frères, les sollicitudes du temps, même les plus nécessaires, et dès lors les plus légitimes, ont d'elles-mêmes trois périls et qui menacent la conscience.

(1) S. Bern. *De Consider.* Lib. I. cap. 5.

D'abord, elles nous prennent le temps. Les hommes et les choses conspirent si bien pour s'emparer de toutes nos heures, que nous ne savons plus en retenir une pour nous-mêmes. Les affaires naissent des affaires; l'action se multiplie par l'action; on vit pour tout et pour tous, excepté pour soi. Il n'y a de place dans notre vie que pour les intérêts d'ici-bas; il n'en reste plus pour l'âme et pour Dieu. Cela est si vrai que nous n'avons pas d'excuse plus familière à opposer à la conscience qui réclame, sinon que le loisir nous manque, et que nous nous occuperons de Dieu et de nous quand nous aurons plus de temps.

Ensuite, les affaires qui nous prennent le temps, nous enlèvent aussi une portion de nous-mêmes et la meilleure. Le chrétien le plus fervent gémit de laisser dans les occupations les plus indispensables la séve de son cœur, et de n'apporter aux pieds de Dieu qu'une âme épuisée et amoindrie. Que dire de l'homme du monde? Que peut-il rester en lui de la pensée, de la volonté, de l'action, de toutes les énergies de l'âme, quand tout cela a été dépensé sans mesure au service de terrestres intérêts? De là, les langueurs de la prière. De là, l'éloignement du temple et des sources divines des sacrements, où la conscience se purifie et la volonté se retrempe. De là, cette désoccupation de Dieu, le grand malheur et le grand désordre des existences mondaines. De là, cet oubli de l'avenir et de la destinée qui semble tenir du dédain ou de l'incroyance. De là. enfin, ce vide et cette stérilité de la vie, où il n'y a que des années et non des mérites, et qui laisse presque sans espérance que la miséricorde de Dieu, l'heure de la mort et de l'éternité.

Enfin, mes Frères, les sollicitudes temporelles nous mêlent à la terre. L'âme, en s'y mettant tout entière, s'habitue à ne se distinguer plus de ce qui est l'objet de ses préoccupations quotidiennes: elle finit par se traiter comme chose du temps, elle qui est du ciel et de l'éternité. Qu'alors on est loin de l'état du chrétien! Le chrétien est l'homme de la foi : on est l'homme des intérêts. Le chrétien doit avoir le cœur toujours en haut : on a le cœur sur la terre. Le chrétien ne tient pas plus à ce monde que le pied du voyageur ne tient au sol qu'il foule : on s'enracine dans le monde par ses attachements, comme la plante qui se prend à la terre par mille fibres et qui en tire toute sa vie.

Voilà, mes Frères, le premier écueil

où le tentateur nous pousse pour nous perdre. Jésus-Christ nous avertit du péril et il nous apprend à l'éviter. Écoutons-le : « L'homme ne vit pas seulement de pain, mais de toute parole qui sort de la bouche de Dieu. » *Non in solo pane vivit homo, sed in omni verbo, quod procedit de ore Dei* (1). Cette parole de Dieu, c'est la parole que l'Église a sur les lèvres et qui descend de ces chaires. C'est elle qui doit nous rendre présent ce que nous perdons de vue ; nous ramener à ce dont les affaires nous éloignent, à l'avenir, à nous-mêmes, à Dieu. Les saintes instructions de ces jours sacrés n'ont pas d'autre but. C'est la voix du Père de l'âme qui vient parler à l'âme. C'est l'autorité du Créateur qui vient, par un ministère mortel il est vrai

(1) Matth. IV, 3.

mais surhumain, réclamer ce qui est au Créateur. En un mot, c'est Dieu qui, dans ces jours de réflexions sérieuses, vient nous demander pour nous-mêmes, un peu de ce que tous les jours nous prodiguons à autrui; pour l'âme, ce que nous donnons de trop au monde; pour l'éternité, ce que, sans profit, nous perdons pour la terre.

II.

La seconde tentation du chrétien dans le monde, est une tentation d'illusion. Le tentateur dit à Jésus-Christ: « Jetez vous du haut du temple: il est écrit qu'il a commandé à ses anges de vous porter en leurs mains. » Tous les jours encore, il s'efforce de nous prendre par le même piége, la présomption. Après nous avoir engagés dans des sollicitudes excessives qu'il couvre du nom de devoir, il nous met à l'esprit que Dieu fera à lui seul, et sans que nous y mettions la main, l'œuvre de notre sanctification et de notre salut. Nous nous persuadons que le cours des affaires doit nous porter de soi-même au ciel sans qu'il soit besoin d'agir ou seulement d'y penser. C'est une illusion, mes Frères, et que la raison réprouve comme la foi. Qu'il faille, en un sens, tout attendre de Dieu pour la vertu et la destinée éternelle, ce n'est pas nous qui le nierons dans ces chaires. Au terme d'une vie de dévouement et de sacrifices, les plus grands saints protestent qu'ils ne sont que des serviteurs inutiles: ils se promettent tout de la miséricorde de Dieu, et rien de leurs mérites. Mais en reconnaissant l'insuffisance de la sainteté humaine et la nécessité de la clémence divine, nous ne devons pas oublier que Dieu n'a rien promis et que dès lors il ne doit rien qu'aux efforts de l'homme. C'est l'ordre de sa providence et auquel il lui a plu de se lier par une volonté immuable. C'est l'ordre de la justice qui défend de couronner les lâchetés de la paresse et les défaillances du courage. C'est en même temps une délicatesse de la bonté divine qui, en nous donnant la félicité immortelle, veut nous en faire jouir tout ensemble et comme d'un présent de son amour et comme du fruit de nos travaux.

Pouvons-nous, mes Frères, nous rendre ce témoignage que nous respectons fidèlement cet ordre divin? Que faisons-nous pour l'avenir éternel, et que laissons-nous à faire à notre Dieu? Quelle part assignons-nous à sa miséricorde, et quelle part au travail de notre volonté? Hélas! si nous y regardons de près, que trouvons-nous trop souvent dans notre vie que des témérités qui tentent le Créateur en attendant tout de celui à qui nous refusons à peu près tout? Quand j'abandonne la prière, et que ne demandant rien à Dieu, je n'en compte pas moins sur sa grâce, est-ce que je ne tente pas Dieu? Quand j'abdique cette vigilance que l'Évangile commande, et que je laisse à Dieu seul le soin de garder et de défendre mon cœur, est-ce que je ne tente pas Dieu? Quand je suis contraint de m'avouer que la conscience a succombé en moi-même, et que je me promets de Dieu ce pardon que je néglige ou que je dédaigne de demander au tribunal qui réconcilie les âmes, est-ce que je ne tente pas Dieu? Quand je ne mets rien dans ma vie que des inutilités, et que je n'en attends pas moins les récompenses promises aux seuls mérites de l'aumône, de la prière, de la pénitence, du sacrifice, est-ce que je ne tente pas Dieu? Enfin, quand j'éloigne toute pensée du terme fatal où touche toute créature humaine, et que la dernière de mes sollicitudes est de me préparer à cette grande chose pour laquelle seule nous est donnée la vie, c'est-à-dire à bien mourir, est-ce que je ne tente pas Dieu?

Oui, mon Dieu, je vous tente. Oui, je contrarie par une illusion volontaire les vues de votre providence. Oui, je manque à votre miséricorde en la faisant complice de mes inutilités et de mes passions. Oui, je cours aveuglément à ma perte, en ajoutant à l'ingratitude qui vous refuse mon cœur, la présomption qui se promet le vôtre; en prétendant devenir votre élu sans avoir songé seulement à être votre serviteur.

Donc, mes Frères, que la parole de Jésus-Christ nous éclaire sur les piéges de l'ennemi, et nous retire de l'illusion. *Non tentabis Dominum Deum tuum* (1). « Vous ne tenterez pas le Seigneur votre Dieu. » Ne point tenter Dieu! et par conséquent demander, pour que Dieu nous donne; veiller, pour que Dieu nous garde; nous accuser, pour que Dieu nous pardonne; mettre des bonnes œuvres dans la vie, pour que Dieu y trouve à couronner des mérites; en un

(1) Matth. IV, 7.

mot, tout faire pour Dieu, afin qu'à son tour Dieu fasse tout pour nos âmes, c'est le secret de la piété chrétienne et toute la science du salut.

III.

Enfin, la dernière tentation du chrétien dans le monde tient aux passions de notre cœur. Le tentateur met sous les yeux de Jésus-Christ toutes les puissances et toutes les gloires d'ici bas, et il lui dit: « Adorez-moi et je vous donnerai tout cela. » Voilà, mes Frères, le progrès et le terme des suggestions de l'ennemi de nos âmes: il nous prend d'abord par nos devoirs, il continue par nos illusions, il achève par nos passions.

Il y a dans chacun de nous, à côté de

célestes instincts et qui témoignent de la noblesse de notre origine, je ne sais quel principe de convoitise terrestre, suite fatale de la déchéance primitive. La grâce peut bien le combattre et même l'enchaîner; la mort seule peut le détruire. Les plus raisonnables, que dis-je? les plus saints portent, sentent en eux, comme le vulgaire, cet homme selon la chair dont parle saint Paul et qui convoite incessamment contre l'esprit. *Caro concupiscit adversùs spiritum* (1). Rentrons en nous-mêmes : qui ne retrouve en soi, sous une forme plus ou moins subtile, ce principe funeste? Qui n'a son rêve de fortune? Qui ne poursuit son idéal d'élévation? Qui n'a au moins un désir, au moins un regard pour quelque gran-

(1) Galat. v, 17.

deur, pour quelque gloire, pour quelque puissance d'ici-bas? Celui-là serait plus qu'un homme, un ange tombé dans un corps et comme égaré dans la vie.

Le tentateur connaît cette infirmité de notre nature; il en tire parti pour nous séduire et pour nous perdre. Il s'adresse sans relâche à tous nos instincts terrestres, et il s'efforce d'en faire sortir quelque passion qui nous lie à ce monde, et nous retienne par tout notre être parmi les créatures et dans les sens. Que cette tentation est délicate et qu'elle a de périls! Son objet est à côté de nous, et son complice est en nous : nous vivons parmi les créatures, et les sens sont la moitié de notre être. En même temps, que cette tentation est fatale! et que devient l'âme qui succombe? A mesure qu'elle se passionne pour les réalités sensibles, elle se détache du ciel et de Dieu. Peu à peu ses plus nobles puissances s'assoupissent; les instincts surnaturels sont enchaînés ; le souffle de l'esprit ne se fait plus sentir ; nulle aspiration qui soulève de terre et qui ravisse l'homme au présent et à lui-même; nul regard qui cherche d'autres horizons ; nul désir qui appelle d'autres réalités et moins grossières et plus vivantes ; plus d'élans vers l'infini et l'immuable et l'éternel. Certes, l'âme n'a point péri ; le suicide lui est impossible: mais elle s'efface, elle s'annulle, elle se dénature en quelque sorte en se perdant dans les choses sensibles. Elle se mêle si bien à elles qu'elle s'identifie avec elles: elle n'entend que leur langue ; elle ne perçoit que leurs formes; elle n'a d'amour que pour leurs biens; elle ne vit que de leur vie. Elle devient, pour me servir d'une expression de saint Bernard, une chimère; quelque chose qui ne se peut définir, qui est céleste et qui n'a que des pensées terrestres; qui est immortel et qui n'a que des affections mortelles; qui est infini et qui ne s'éprend que du fini; qui est esprit et qui ne vit que pour les sens.

Jésus-Christ nous enseigne par son exemple comment on défend son cœur contre d'aussi funestes passions. Que répond-il au tentateur? « Il est écrit : Vous adorerez le Seigneur votre Dieu et vous ne servirez que lui seul. » *Dominum Deum tuum adorabis et illi soli servies* (1). Cette seule pensée suffit à la défaite du monde et au triomphe de la conscience.

Un chrétien instruit et fortifié par

(1) Matth. IV, 10.

l'exemple de Jésus-Christ, doit se dire : Le monde me promet les fortunes d'ici-bas, mais à quelles conditions ? Par la voix de celui qui est le prince du monde, il offrait à notre Maître l'empire de la terre au prix de l'adoration : tous les jours il met de moindres présents au prix d'aussi grands sacrifices.

De plus, le monde promet et il est impuissant à tenir sa promesse. Il ne dispose que de bien peu ; donnât-il l'univers, que donnerait-il et pour combien de temps ? Son présent laisserait dans le cœur le vide agrandi par la jouissance même, et d'autant plus senti qu'on aurait épuisé jusqu'à l'espérance. L'illusion prolongerait la jouissance en éloignant la satiété ; viendrait toujours et d'un pas bien rapide, l'heure qui contraint toute main mortelle à lâcher la figure saisie dans le rêve.

C'est Dieu seul qui mérite l'adoration, et qui seul sait la reconnaître par un don qui remplit le cœur sans rien coûter à la conscience. Lui, il peut réclamer l'hommage de l'âme : qui a droit d'en être le maître sinon qui en est le créateur? Lui, il peut promettre et exiger qu'on s'en fie à sa parole : est-ce qu'il ne dispose pas de soi? Et pour faire des heureux, qu'a-t-il besoin de donner sinon lui-même? Lui, ni il ne change ni il ne meurt : qui se donne à lui, se donne à l'infini et à l'éternel. A lui dévouer ma vie, j'ai donc tout à attendre et rien à craindre : ma conscience se trouve d'accord avec mon cœur, et mon bonheur se lie à mon devoir. Dieu seul à adorer et Dieu seul à servir! Mon Dieu, que cette grande pensée soit toujours dans mon esprit et surtout dans mon cœur! Alors, comme les saints vos serviteurs, comme Jésus-Christ votre fils adorable, je mépriserai tout ce qui passe et je ne m'attacherai qu'à vous qui ne passez pas. Les créatures pourront m'appeler et me sourire, et de leurs impressions remuer la portion terrestre de mon être; mais l'âme, forte de sa foi, dédaignera de leur donner même un regard, et à l'exemple de Jésus-Christ, elle répondra au tentateur: Je n'adore et je ne sers qu'un maître, et c'est mon Dieu. *Adorabis Dominum Deum tuum et illi soli servies.*

Ainsi, mes Frères, dans toutes les épreuves de la conscience, le chrétien trouve-t-il sa leçon et sa force dans les exemples et dans la parole de Jésus-Christ.

Sire, vous avez voulu que cette parole divine animât de nouveau cette chaire longtemps muette: la Religion vous en rend grâces devant ses autels. C'est la gloire des princes, que toutes les voix qui parlent des grands intérêts des peuples arrivent jusqu'à eux: c'est la gloire des princes chrétiens, qu'à côté, au-dessus de ces voix de la terre, ils appellent la voix qui parle des choses divines et des choses éternelles. En voyant devant ses chaires le Souverain qui préside si noblement aux destinées d'une grande nation, et l'auguste Princesse qui orne le trône de sa piété et de sa bienfaisance, l'Église se réjouit de cet hommage rendu à ce qu'il y a de plus élevé et de plus saint au monde, à l'âme et à Dieu; et elle veut que nous vous redisions l'oracle de notre Maître: Heureux ceux qui écoutent la parole de Dieu! *Beati qui audiunt verbum Dei* (1)!

(1) Luc. xi, 28.

Sire, c'est vous promettre en son nom tout ce que peut souhaiter votre cœur; toutes les bénédictions de l'époux, toutes les bénédictions du souverain, toutes les bénédictions du chrétien.

Ainsi soit-il!

DEUXIÈME DIMANCHE DE CARÊME.

DISCOURS

SUR

L'ESPÉRANCE CHRÉTIENNE.

DISCOURS

SUR

L'ESPÉRANCE CHRÉTIENNE.

Petrus dixit ad Jesum : Domine, bonum est nos hic esse (1).

Pierre dit à Jésus : Seigneur, nous sommes bien ici.

De l'Évangile de ce jour.

SIRE,

L'Évangile qui nous a montré Jésus-Christ au désert et dans l'humiliation de l'épreuve, nous le montre aujourd'hui au Thabor et dans la gloire.

(1) Matth. XVII, 4.

Sur la montagne où il s'est retiré avec trois de ses disciples, tout à coup le Sauveur du monde se transfigure à leurs yeux : son visage a l'éclat du soleil, ses vêtements la blancheur de la neige ; Moïse, la figure de la loi, Élie, le représentant des prophètes, apparaissent à ses côtés; ses Apôtres, ravis d'un tel spectacle, ne sont plus à eux-mêmes, et le plus grand d'entre eux, interprète de leur enthousiasme, s'écrie : « Seigneur, nous sommes bien ici. » *Domine, bonum est nos hic esse* (1).

Mes Frères, ce cri de l'Apôtre est le cri de l'espérance chrétienne. Que faisons-nous sur la terre et parmi les vanités et les trahisons des créatures?

(1) Matth. XVII, 4.

Nous sommes, dit saint Léon (1), transfigurés au Thabor dans Jésus-Christ, en attendant que nous le soyons en nous-mêmes et dans les cieux. Élevons donc nos cœurs vers la patrie éternelle et que nos désirs ne se détachent plus de la béatitude qui nous y est promise : mais pour que notre espérance ne soit pas vaine, appuyons-la sur Jésus-Christ. Seuls et sans Jésus-Christ, qu'aurions-nous à attendre du ciel ? Par sa parole, il nous en révèle le mystère ; par ses mérites, il nous crée des titres pour y prétendre : par sa grâce, il nous donne l'innocence qui nous en fait dignes. C'est tout le sujet de ces réflexions que je prie la très-sainte Vierge de bénir.

(1) S. Leo, *Homil. de Transfig.*

I.

La première condition de l'espérance, c'est de connaître quel bonheur l'avenir nous réserve au delà de la vie. Qu'est-ce en effet qu'une espérance vague, sans objet précis et déterminé, se résumant dans un désir et ne pouvant fonder ce désir que sur des conjectures et sur un doute? C'est une chimère, c'est un rêve, ce n'est rien. Et toutefois, il n'en est pas d'autre pour l'homme loin de Jésus-Christ. Réfléchissons, raisonnons, cherchons en nous et autour de nous; seuls et sans Jésus-Christ, nous pouvons bien affirmer de la vie future qu'elle est nécessaire et que dès lors elle existe; qu'elle aura des joies pour la vertu, et dignes de l'âme et dignes de Dieu; mais de définir quelles seront ces joies et au prix de quels mérites elles s'achètent, mais de déterminer en quoi consiste la béatitude de l'avenir et comment on y parvient, c'est ce que nous ne ferons jamais. Qu'en savons-nous? Qui nous l'a dit?... Nous ressemblons à l'homme qui du sommet de la montagne, mesure l'étendue des mers. Nous savons qu'au delà de ces flots il y a d'autres terres et d'autres cieux; nous ignorons ce que l'on y trouve. Nous l'ignorons si bien, qu'à regarder l'horizon notre œil se trouble, et que nous en venons à douter si nous n'avons pas pris, pour un monde nouveau, les vapeurs qui s'élèvent de l'océan ou les nuages qui flottent dans les airs.

De là vient, mes Frères, qu'avant Jésus-Christ on remarque quelque chose de désespéré au fond de toutes les âmes. Plus il y a d'élévation dans l'intelligence et de force dans la raison, plus il y a de tristesse et de désolation dans le cœur. Voyez les grands hommes de l'ancien monde : vous les trouvez tous agités, inquiets, ne sachant sur quoi s'appuyer et où se prendre. Ces âmes sérieuses comprenaient trop la vanité de la terre, pour n'éprouver point le besoin de s'attacher à quelque chose de plus solide et de plus durable. Elles restaient suspendues entre le présent qu'elles dédaignaient et l'avenir qui ne leur offrait nulle prise. Ainsi, tout leur manquait à la fois, la terre et le ciel, le temps et l'éternité. Étrange destinée, que les épreuves fussent en proportion de la grandeur de l'âme ; que les plus nobles cœurs eussent la pire part et que les plus raisonnables se trouvassent les plus malheureux! Ce fut toutefois la destinée de ces hommes fameux. Leur génie, leur héroïsme, toutes leurs vertus humaines ne leur donnèrent jamais une heure de cette paix, que la foi et de vulgaires vertus donnent, parmi nous, aux plus ignorants et aux plus simples. O sort lamentable! comme un homme que le courant emporte et qui ne sait où le flot jettera sa barque, à l'écueil ou à la rive, ils se laissent entraîner par le cours de la vie. Ils voient flotter autour d'eux, dans leur rapide passage, mille visions qui se succèdent tour à tour. A chaque instant, les horizons changent, les perspectives fuient; je ne sais quoi d'immense et d'illimité apparaît à leurs yeux; ils y touchent, ils y sont; et ils ne savent ce qu'ils vont y trouver, le bonheur ou l'infortune, ce qui doit finir encore ou ce qui est éternel. Que pouvez-vous imaginer de plus déchirant que cette incertitude? Quelle joie n'en est empoisonnée? Quelle douleur n'en devient plus accablante ? Jésus-Christ nous a sauvés à jamais d'une telle misère. Aujourd'hui, l'éternité n'a plus de ténèbres: un Dieu les a illuminées de sa parole. Vous voulez savoir ce qu'est la béatitude qui vous est promise et qui vous attend dans les cieux; Jésus-Christ vous la révèle : c'est Dieu se donnant à l'âme et l'âme jouissant de Dieu. Entendez-vous, mes Frères? Non plus comme ici-bas, les créatures se succédant dans notre cœur pour le trahir; le Créateur, qui devient et qui demeure notre bien unique et qui ne trompe jamais : non plus les ombres, qui ne séduisent que de loin et qui échappent quand on croit les saisir; la réalité, qui est d'autant plus ravissante qu'on l'approche de plus près, et qu'on ne peut plus perdre dès qu'on la possède : non plus ce faux bonheur du monde qui nous caresse, comme l'abeille les fleurs, pour nous laisser amoindris du meilleur de notre être; un bonheur, qui dilate la vie et qui la complète, qui élève l'être et qui l'agrandit, où l'on se retrouve plus intelligence et plus âme; une béatitude, en un mot, où le mal n'a point de part, où le bien règne seul, où rien ne vieillit, où tout est jeune d'une jeunesse immortelle; où l'âme s'épuise à chaque joie, et renaît dans une joie nouvelle; où l'on se possède sans limites, où l'on jouit de soi sans vide, où l'on vit de soi sans ennui ni satiété, parce qu'on se possède, on jouit, on vit de soi dans la plénitude de la vie, de la possession, de la jouissance de Dieu même! Mais que fais-je? O sainte et immortelle béatitude qu'un Dieu révèle à ma foi et promet à mon espérance! Je peins le ciel avec les images de la terre; je raconte les merveilles de la vie avec la langue des morts. Sainte et immortelle béatitude, vous êtes comme Dieu: on vous désire, on vous mérite, on vous possède; mais il n'est donné ni à la parole de vous exprimer, ni à la pensée de vous comprendre.

Voilà ce que Jésus-Christ nous apprend. Il nous dit la loi de l'éternité; il en vient. Il dit ce que Dieu y prépare à l'âme; il le sait: il est le créateur et le Dieu de l'âme. Il dit ce qu'est la félicité des cieux; il la connaît : la donner, c'est se donner lui-même. Espérez maintenant, ô hommes!

Les doutes sont éclaircis, les mystères sont révélés; un Dieu vous a dit ce qu'est l'éternité!

II.

La seconde condition de l'espérance, c'est le mérite: nous ne pouvons le tenir que de Jésus-Christ. La foi m'a révélé que le ciel, c'est l'infini dans le bonheur. Comment me persuader que ce bonheur infini me regarde? Comment prétendre sans témérité que la vie de Dieu devienne ma vie? Où prendre mes titres? Sur quoi appuyer mes droits? Sans Jésus-Christ, cette difficulté est insoluble. C'est vrai, entre le ciel et moi, il n'y a pas de proportion. C'est vrai, ma misère ne peut, sans folie, aspirer à de telles joies et à une telle gloire. C'est vrai, la créature, qui n'est rien, commet un acte d'orgueil insensé à se promettre l'union du Créateur qui est tout. Une béatitude infinie décourage le désir et ne justifie que le désespoir. De nouveau, et sous un autre point de vue, l'espérance nous est impossible. Rassurons-nous, mes Frères ; il nous est encore permis d'espérer, et nous le devons à Jésus-Christ. L'infini ne s'achète que par l'infini ; un Dieu ne se peut mériter qu'au prix de Dieu même : c'est l'ordre. et Jésus-Christ l'a respecté. Qu'a-t-il fait ? Il est venu sur la terre ; après nous avoir révélé la béatitude, il a voulu la conquérir : il a donné, à la lettre, l'infini pour l'infini, et Dieu pour Dieu même. Il a vécu, il a souffert, il est mort pour acheter le ciel où il nous appelle ; et les droits de cet achat suprême, il nous les transporte. Ecoutez saint Bernard: Jésus-Christ a deux titres au ciel et deux droits à la béatitude; il a celui de la naissance, il a celui de la conquête; il doit le premier à sa nature, le second à sa mort. Il garde pour soi les titres qu'il tient de la prééminence de son être; dans son amour, il nous cède ceux qui lui viennent de son sacrifice: il reste le maître du ciel, parce qu'il est Dieu; nous en sommes les co-héritiers, parce qu'il nous substitue aux mérites et aux droits de sa mort. Donc que tous les cœurs se dilatent: le ciel est bien haut: il ne l'est pas assez pour nous être inaccessible. Que celui-là n'ose le regarder, encore moins y prétendre, qui s'est séparé de Jésus-Christ, qui n'en a reçu aucune promesse, et qui n'en veut tenir aucun droit; il se rend justice à n'espérer pas. Seul avec son néant et avec sa misère, de quelle autorité et par quelle puissance, ferait-il tomber devant soi les barrières et s'ouvrir les portes de la cité divine? Il n'a rien de commun avec le Rédempteur; le ciel ne peut que lui dire : Je ne vous connais pas. Mais vous qui croyez et qui aimez, emparez-vous de Jésus-Christ; couvrez votre misère de son nom et votre néant de ses mérites. Levez-vous, et les titres de sa mort à la main, venez réclamer ce qui est sien et dès lors ce qui est vôtre. Désormais c'est votre bien : à vous le donner, Dieu ne fait plus une grâce; il acquitte une dette. Cette béatitude est un simple dépôt que votre Père, qui est là-haut, vous gardait aux jours de votre enfance et de votre minorité sur la terre, et qu'il vous rendra au jour prochain de l'âge adulte dans les cieux.

Espérez donc : le ciel est d'un grand prix, Jésus-Christ l'a payé ; la béatitude est à Dieu, mais Jésus-Christ, qui est Dieu, est lui-même à vous. Grâces vous en soient rendues, Seigneur, j'ai trouvé où appuyer mon espérance ! Et vous, ô ciel, vous ne m'êtes plus une région étrangère : vous êtes mon héritage et mon bien ! O divine patrie ! « on me racontait vos félicités et vos gloires. » *Gloriosa dicta sunt de te, civitas Dei* (1). La foi me parlait de vos joies, de vos enivrements, de vos extases, de toutes ces choses qu'on ne se lasse jamais de voir, de goûter, de posséder; qui ont toujours la même splendeur, la même plénitude, et qui de plus sont immortelles : j'admirais, je n'osais espérer. Je rêvais de vous, comme on rêve d'une île enchan-

(1) Psalm. LXXXVI, 3.

tée qu'on aperçoit de la rive, et qu'un fleuve infranchissable sépare de nous. Que ce rêve était brillant, mais qu'il était douloureux! Je me disais : Tout cela est divin, mais rien de tout cela n'est pour moi. Maintenant je puis songer à vous sans douleur : car je sais que je ne vous suis point étranger. Sainte patrie des âmes, je me suis réjoui dans ce qui m'a été dit par un Dieu. *Lætatus sum in his quæ dicta sunt mihi: In domum Domini ibimus* (1). J'irai, oui j'irai dans la maison paternelle. Un jour viendra que le pèlerinage terminé, je me reposerai enfin dans la patrie permanente. Salut, ô Jérusalem immortelle! Oh! que je jouis de la seule pensée de vos fêtes! Il me semble que déjà je vois votre soleil, qui est la seule véritable lumière;

(1) Psalm. CXXI, 1.

que j'entends votre langue, qui est la langue des vivants; que je sens vos joies, qui seules méritent le nom de joies; que je contemple vos biens, les seuls biens sans mélange, sans limites, et qui ne passent pas. Encore une fois salut, ô cité de Dieu! La portion infime de mon être est encore sur la terre, mais mon âme tout entière est à vous.

III.

Reste une dernière condition de l'espérance. En me cédant ses mérites, Jésus-Christ m'a transporté ses droits à la béatitude, mais sous la condition de la fidélité et de l'innocence; c'en est assez pour ramener tous les troubles et toutes les craintes : de nouveau l'espérance m'échappe. Et qui peut se flatter de l'innocence et de la fidélité toujours inviolable? Qui n'est contraint de se dire: Si le ciel n'est qu'à ce prix, je dois lui dire un éternel adieu?

Mon Dieu! quels désespoirs nouveaux et plus déchirants que tous les autres! Je puis quelque temps ne les sentir point, parmi ces étourdissements de mon âme livrée aux créatures et au monde. Mais que je me rapproche de mon cœur: mais que je rentre, ne fût-ce qu'au seuil de mon âme; et qui n'y rentre quelquefois et forcément? mais qu'en face de la mort et de la conscience, je me pose cette question à laquelle nul ne saurait échapper toujours: Quel sera mon avenir, à moi ingrat et rebelle et si souvent et en tant de manières coupable envers Dieu? Si cette béatitude ne se donne qu'à l'innocence, il faut y renoncer; et cependant si elle m'est ravie, que deviens-je et pour une éternité? Certes, ou je suis mon plus implacable ennemi, ou j'ai abdiqué l'amour, le souci le plus vulgaire de moi-même, ou je dois trembler, me désespérer, m'écrier : Je suis perdu! Non point perdu, comme les hommes le sont ou croient l'être, quand la fortune croule, que l'amitié manque, que la santé défaille, que les créatures trahissent et s'en vont. Alors les hommes se trompent : ce qui est perdu, c'est quelque chose à côté et autour de l'âme; ce n'est pas l'âme. Mais ici le mot est juste, il est vrai ; oui, je suis perdu : car n'est-ce pas être perdu que de voir la vie, l'être, tout manquer, parce qu'il manque Dieu même?

Mais, direz-vous, à défaut de l'innocence, il y a le repentir. Eh! qui vous garantit qu'il y ait dans le repentir, cette efficacité de suppléer ou de ressusciter l'innocence? Où avez-vous pris que d'elle-même la douleur répare et que les larmes purifient? C'est l'illusion du monde : il s'imagine que Dieu est à la discrétion de l'âme; qu'un regret le rappelle comme une passion l'a chassé; qu'il suffit de vouloir pour l'aimer de nouveau comme il a suffi de vouloir pour ne l'aimer plus. La foi n'accepte pas cette illusion du monde : elle vous dit qu'il en est de l'innocence comme de la vie : je puis tout pour me l'ôter, je ne puis rien pour me la rendre.

Je suis donc perdu sans ressources!.. oui, si Jésus-Christ ne me restait. J'entends saint Jean qui me crie : « Si nous avons péché, nous avons un avocat, notre Seigneur Jésus-Christ. » *Si quis peccaverit, advocatum habemus apud*

Patrem, Jesum Christum (1). J'entends saint Paul qui me dit : « Il m'a aimé et il s'est livré pour moi. » *Dilexit me et tradidit semetipsum pro me* (2). Il est donc vrai! il y a un sang divin répandu pour moi, un sang qui expie et qui rachète. O mystère ineffable de l'espérance chrétienne ! Tout à l'heure, je ne pouvais me regarder sans avoir peur de moi-même : je fuyais vers la misère des créatures, pour perdre de vue la misère de mon cœur. Maintenant je me fuis d'une autre façon et plus heureuse, pour me retrouver dans mon Dieu. Je m'empare de Jésus-Christ; je mets la main dans son cœur; j'y prends ses regrets et j'y unis mes regrets, sa pénitence et j'y unis ma pénitence. Je dis à Dieu : Nous

(1) II Joan. II, 1.
(2) Gal. II, 20.

sommes quittes ; j'ai ravi beaucoup par le péché, par le repentir, je rends infiniment plus : je vous ai ravi une âme, et je vous rends Jésus-Christ.

Est-ce tout, mes Frères? Non. Le crime est effacé, mais le criminel est toujours vivant ; Dieu ne peut punir le péché : peut-il, même après le pardon, couronner le pécheur? Comment voulez-vous que ces deux cœurs s'unissent ; que ces deux vies puissent se mêler et se fondre, celle de l'offensé et celle de l'offenseur, quand surtout l'offenseur est un homme et que l'offensé est un Dieu? Voici un mystère nouveau ; le sang de Jésus-Christ est pour moi et il est sur moi. Savez-vous ce qui se passe dans l'âme, que la grâce amène aux pieds de Jésus-Christ vivant dans son Église? A la voix du prêtre qui absout, le sang divin pénètre en nous ; il va au plus intime et comme « aux moelles » de l'être, selon l'expression de l'Apôtre (1); il transforme, il renouvelle, il accomplit une véritable création. De même que dans des veines épuisées, la science introduit un sang étranger, et ranime la vie qui défaille par une vie nouvelle; le sang de Jésus-Christ entre dans l'âme avec la grâce, et la recrée à neuf, et de telle façon qu'elle est une autre créature, sans cependant cesser d'être elle-même. Oui, Jésus-Christ a tellement mis sa propre vie en nous, qu'elle est devenue nôtre ; que nous pouvons nous présenter à Dieu comme un autre lui-même, faire valoir ses titres et réclamer ses droits, et au nom de la justice, dire au Père céleste : Donnez-moi mon royaume. Donc main-

(1) Hebr. IV, 12.

tenant plus d'anxiétés et plus de désespoirs. Maintenant je puis penser à l'âme et à la destinée, sans que ma raison se trouble et que mon cœur se déchire. Maintenant les années peuvent fuir, la vie décliner, la vision de l'avenir s'illuminer en se rapprochant ; ce qui faisait mon supplice, va faire ma consolation et ma joie. Ne craignez plus de prononcer devant moi ces grands mots, le ciel et l'éternité ; au contraire, nommez son héritage à l'enfant et sa terre natale à l'exilé. Racontez les merveilles de la cité de Dieu , c'est ma cité : parlez sans fin de ses béatitudes . c'est mon bonheur prochain que vous m'annoncez. Désormais, ô monde, sois ce qu'il te plaira, ou favorable ou ennemi ; et vous, ô créatures, donnez-moi ce que vous voudrez, ou l'amour, ou le dédain : vous ne m'êtes plus rien. Que me fait ce qui passe, moi qui touche déjà à l'immuable? Que me font les ombres et les fantômes, moi qu'une heure à peine sépare des réalités? Mon cœur est ailleurs et plus haut; il est à ce qui m'est promis, à ce que j'espère, à ce que je vais posséder et pour toujours; il est à ma patrie, au ciel et à mon Dieu!

Ainsi, mes Frères, grâces à notre Seigneur Jésus-Christ, l'espérance peut être prêchée à tous, et elle appartient à tous. Sa parole dissipe tous les doutes; ses mérites suppléent toutes les insuffisances; sa grâce couvre toutes les indignités. Qu'attendons-nous pour nous donner à un si bon maître, qui nous fait de si divines promesses et qui tient si fidèlement tout ce qu'il promet? Tous les jours la vie se désenchante, et le monde devient plus désert et plus vide: les protecteurs ou disparaissent ou nous oublient ; les amis ou reprennent leur cœur, ou nous échappent dans la tombe; nous-mêmes, nous sentons chaque jour quelque chose se détacher de nous, et quelque débris de notre être s'en aller à l'abîme : une heure et encore une heure, et que va-t-il nous rester? Jésus-Christ seul. Croyez-moi, mes Frères, attachons-nous pendant la vie à celui-là seul qui ne manque pas à la mort; et attachons-nous si bien à lui, que nous puissions dire avec un saint Roi : « Seigneur, j'ai espéré en vous; je ne serai pas confondu dans l'éternité. » *In te, Domine, speravi, non confundar in æternum* (1).

Ainsi soit-il!

(1) Psalm. XXX, 2.

TROISIÈME DIMANCHE DE CARÊME.

DISCOURS

SUR

LA NÉCESSITÉ ET L'EFFICACITÉ DE LA PRIÈRE.

DISCOURS

SUR

LA NÉCESSITÉ ET L'EFFICACITÉ DE LA PRIÈRE.

Locutus est mutus et admiratæ sunt turbæ (1).

Le muet se mit à parler et les foules étaient dans l'admiration.

De l'Évangile de ce jour.

SIRE,

Que figure cet homme de l'Évangile, cet homme possédé d'un démon muet et à qui d'un seul signe de sa volonté souveraine, Jésus-Christ rend la parole en présence de la foule étonnée et

(1) Luc. XI, 14.

dans la stupeur? Son infirmité corporelle est l'image d'une infirmité spirituelle et plus dangereuse et plus difficile à guérir. Cet infortuné nous représente l'âme, paralysée par l'indifférence et les passions, et qui ne sait plus tirer d'elle-même une pensée, un sentiment, une parole pour Dieu, l'âme qui ne prie pas. Que cette infirmité de l'esprit est commune! où sont les âmes qui prient? Qu'elle est redoutable selon la foi! que devient l'âme qui cesse de prier? Nous préserve ou nous retire le Ciel d'un mal si funeste! Pour en comprendre la gravité et les suites mortelles, méditons quelques instants sur la prière; c'est une loi: c'est une puissance. Si la très-sainte Vierge daigne bénir mes paroles, elles vous laisseront avec le désir, la volonté, le besoin de prier; ce sera vous laisser dans la voie de toutes les vertus chrétiennes et du salut éternel.

I.

La prière est une loi. Jésus-Christ l'affirme : Il faut prier. *Oportet.. orare* (1). Il ne dit pas : Il est louable ou bien il est utile ; il dit : Il est indispensable de prier. C'est plus qu'une invitation, plus qu'un conseil, plus qu'un ordre ; à la lettre, une nécessité : il faut. *Oportet*.

Si nous voulons y réfléchir, mes Frères, nous verrons que Jésus-Christ ne pouvait dire moins sans trahir l'âme et Dieu même. Qu'est-ce que prier? Un acte d'humilité, de dépendance, de foi.

(1) Luc. XVIII, 1.

Quand je prie, je reconnais que quelque chose me manque, et qu'au moins par cet endroit je ne suis rien. Quand je prie, je confesse que j'ai besoin de quelqu'un au monde, et que par ce besoin je dépends d'un autre qui est plus puissant que moi. Quand je prie, je proclame que celui auquel je m'adresse, a assez de puissance pour me faire du bien et assez de bonté pour le vouloir. Il ne m'en faut pas davantage pour conclure que la prière est la première loi de la créature intelligente. Qui ne prie pas, ne reconnaît pas de supérieur. Qui ne prie pas, déclare par cela seul qu'il se suffit à soi-même. Qui ne prie pas, n'attend rien du Créateur et n'en veut rien. Ne pas prier, c'est donc une profession d'orgueil, d'indépendance, d'irréligion pratique. Aussi que Dieu n'exige pas la prière, il abdique : il consent à n'être rien pour l'homme. Que l'homme n'offre pas la prière, il abjure la Divinité ; il la chasse de son cœur, et autant qu'il peut, de ce monde. Je me trompe : il y a encore une Divinité au monde ; mais elle n'est plus au ciel, elle est sur la terre. Qui ne prie pas, s'adore soi-même et se fait Dieu.

De là vient que toute religion quelle qu'elle soit, repose sur la prière. La religion, en effet, n'existe que pour rapprocher l'homme et Dieu, par un commerce mutuel il est vrai, mais où l'un et l'autre porte l'inégalité de sa nature et de sa condition. En descendant à l'homme, Dieu conserve son infinité ; en s'élevant à Dieu, l'homme son néant : Dieu reste toujours maître et sur le trône ; l'homme toujours créature, et dès lors à genoux et en suppliant. Et c'est ce qui fait la supériorité des religions même fausses sur les philosophies. Elles prient mal; ou elles ne savent pas demander ce qui est le vrai bien de l'âme, ou elles le demandent à qui ne peut le donner; mais elles prient, et, par cela même, elles font sentir à l'homme qu'il a un maître, et qu'il est entre les mains et à la merci de son Créateur. Les philosophies ne prient pas : sous prétexte que Dieu est trop grand, elles lui refusent l'adoration au nom de sa grandeur même. Elles le traitent, comme Platon les poëtes dans sa République : il les renvoie de la cité en les couronnant de fleurs; elles renvoient Dieu de ce monde, en chantant des hymnes à son infinité. Et ainsi, elles corrompent l'homme de la pire des corruptions, celle de l'orgueil idolâtre de soi-même.

De là vient encore que les religions

se peuvent juger à la manière dont elles comprennent et pratiquent la prière. Une religion divine doit prier divinement. Il faut qu'avant tout elle demande pour l'âme, et qu'à Dieu, sur toutes choses, elle demande Dieu même. Il faut plus encore ; ou elle est indigne de sa mission, ou elle doit mettre au premier rang de ses efforts et de ses succès, d'obtenir de toute créature l'adoration du Créateur. Un des signes éclatants de sa vérité, c'est de montrer en soi l'amour, le zèle et comme la passion de la prière. L'Église seule fait cela ; elle prend à la lettre la parole du Maître : « Il faut prier et ne se lasser pas de prier. » *Quoniam oportet semper orare et non deficere* (1). Non contente de mettre la prière au fond de tout pré-

(1) Luc. XVIII, 1.

cepte et de toute pratique, elle en a fait une institution publique. C'est sa gloire de recruter, sur tous les points du globe, un peuple d'âmes d'élite qui ne vivent que pour prier ; créatures célestes, dont le regard ne se détache plus du Créateur ; qui vivent, pensent, aiment, agissent, souffrent, meurent dans une autre sphère que nous, pour la charité et pour Dieu. Les autres religions estiment que c'est assez de prier par intervalle : une vie vouée au culte leur est une vie oisive, sans gloire pour le ciel et sans profit pour la terre. Elles se trompent certes, et par cette erreur, elles témoignent que le sens divin leur est refusé. C'est la prière qui donne sa vie à la foi, et c'est la foi qui est le mobile suprême de ce qu'il y a de plus grand et de plus fécond au monde, le sacrifice. C'est pour cela que les grands dévouements à l'état d'institution ne se virent jamais là où ne se trouve point au même état la prière. Chose remarquable! la fille de sainte Thérèse et la fille de saint Vincent de Paul appartiennent à la même Église : c'est aux mêmes autels que s'inspire la Vierge contemplative du Carmel et l'héroïque Sœur de la Charité.

La prière est la loi même de la religion : il suit de là, mes Frères, que l'on est un homme religieux au même degré et dans la même mesure que l'on est un homme de prière. Ce qui est vrai des religions est vrai des âmes. A quel signe reconnaître que l'âme est morte à la vie spirituelle? quand elle ne prie plus. A quel signe reconnaître que l'âme renaît à la grâce et à Dieu? quand elle prie. Jugeons-nous sur ce principe. Je ne dis pas que toute la religion soit dans la prière : mais je dis que, sans la prière, il n'y a pas de religion. Je crois à un Etre suprême, et je ne prononce son nom qu'avec respect; mais je ne prie pas: je puis être un philosophe, je ne suis pas chrétien. J'accomplis les devoirs de la famille, et je donne l'exemple de toutes les vertus domestiques; mais je ne prie pas: je puis être le modèle de l'honnête homme, je ne suis pas encore chrétien. Je suis tendre à toute infortune et généreux envers tout ce qui souffre; certes, cette humanité m'honore devant mes semblables et devant le ciel; mais je ne prie pas: je puis être un philanthrope, je ne suis pas encore chrétien. Serviteur du prince et du pays, je leur dévoue ma vie au prix des veilles et même au prix du sang; c'est un noble dévouement, et qui a droit aux hommages de tous: mais je ne prie pas: je puis être un grand citoyen, je ne suis pas encore chrétien. Jusqu'ici, j'ai fait beaucoup pour les hommes; qu'ai-je fait pour Dieu? Mais quoi! la prière supplée à tout et nous tient quittes de tout?.. Non, mes Frères, non : je dois faire tout ce que je fais et y ajouter ce que je ne fais pas. Il faut être charitable, il faut être homme d'honneur et de probité, il faut être bon père de famille et bon citoyen; mais il faut être tout cela pour Dieu et en vue de Dieu, et dès lors il faut prier. La prière toute seule ne supplée point à toutes les vertus; mais elle les élève et elle les féconde. Ce n'étaient que des actes terrestres : elles deviennent des actes surnaturels. Ce n'étaient que des mérites devant les créatures : elles deviennent des mérites devant le Créateur. Elles ne nous valaient que l'estime, et tout au plus l'admiration des hommes : elles peuvent nous valoir le ciel et Dieu même.

Que ne puis-je vous le persuader, mes Frères ? La prière est la condition de toute vie religieuse. Tant que vous ne vous êtes pas mis à genoux, et que vous n'avez pas dit à Dieu, dans le sentiment profond de votre néant : Mon Dieu, ayez pitié de moi ! vous vous appartenez à vous-même et vous n'avez pas de Dieu sur la terre. Si vous voulez, vous avez bien un Dieu abstrait, sorte de fantôme qui se joue dans la pensée comme un rêve, qui n'entre pas dans la vie et qui n'y gouverne rien, qui n'a ni plus d'influence ni plus de réalité que les mille abstractions de la science, vain amusement des esprits curieux. Mais priez-vous ? tout change. Être à genoux devant Dieu, prendre son cœur et le mettre à ses pieds, et lui dire : Je vous confie mon âme et toute ma destinée ! Ah ! c'est là traiter Dieu comme la première des réalités ! C'est là prendre ses droits au sérieux et lui donner son action, son empire sur la pensée, sur le cœur, sur la vie tout entière. C'est là faire que Dieu soit notre Dieu et tout de bon être chrétien. Mon Dieu ! nous ne sommes que trop disposés à nous passer de vous, et à nous croire quittes envers vous, en proclamant votre existence et votre infinité. Sortez de la nue où nous vous reléguons : venez à nous, Seigneur ! cela n'est pas indigne de votre grandeur et cela est digne de votre bonté. Prenez nos cœurs et mettez-y « l'esprit qui fait prier » ; *Spiritum precum* (1). Mon Dieu, donnez-nous l'intelligence, l'amour, la volonté de la prière !

(1) Zachar. XII, 10.

II.

La prière est une loi : la prière est une puissance. C'est encore Jésus-Christ qui nous l'enseigne : lui qui nous disait tout à l'heure : Il faut prier! nous dit maintenant : « Demandez et vous recevrez. » *Petite et accipietis* (1). Quelle parole! mais quelle autorité! Qui a le secret de Dieu, sinon Dieu lui-même? Jésus-Christ nous affirme que la volonté, qui mène toutes choses, a une faiblesse : elle ne sait pas résister aux suppliants.

Et lui-même, qu'il le prouve bien par son exemple! Rappelez-vous cette femme de Chanaan (2) qui lui demande

(1) Joan. XVI, 24.

(2) Matth. XV, 22.

avec tant d'importunité la guérison de sa fille. Jésus-Christ ne l'écoute pas; elle prie : Jésus-Christ la rebute; elle prie encore : Jésus-Christ l'humilie et en quelque sorte la désespère; elle prie toujours. O triomphe de la prière! la créature l'emporte, et le Créateur s'avoue vaincu : « Qu'il vous soit fait, dit-il, comme vous voulez. » *Fiat tibi sicut vis* (1). Toute la puissance de la prière est dans ce mot divin : on dispose de tout en priant, parce qu'on dispose de Dieu même.

Ici, mes Frères, que notre foi s'élève : il n'y a que Dieu qui puisse se livrer ainsi et sans réserve à qui le prie. Qui sait mieux que nous et par de plus augustes exemples, ce que peuvent les souverains qui se font gloire de mettre

(1) Matth. xv, 18.

la puissance du trône au service de la bonté? Mais la souveraineté d'ici-bas, si magnanime et si généreuse qu'elle soit, rencontre de toutes parts les bornes posées de Dieu à tout ce qui est humain; c'est son infirmité jusque dans sa grandeur, que voulant tout le bien qu'elle peut, elle ne puisse cependant tout le bien qu'elle veut. Le souverain du ciel est le seul qui ait le privilége de montrer au monde une bonté sans limites et une puissance égale à sa bonté. Sa plus douce joie est d'être prié, parce que sa plus belle gloire est d'exaucer. On dirait qu'il ne se croit Dieu qu'autant qu'on le prie, si empressé il est à recevoir nos demandes et si généreux à accorder ses grâces. Nul, dit saint Augustin, ne saurait être indiscret à lui demander tout, ni importun à lui demander toujours. Loin de là, il s'honore de ces indiscrétions et il se plaît à ces importunités. Il les provoque en disant : « Demandez et vous recevrez. » Il les justifie, en accordant tout à qui demande tout.

Il ne tient qu'à nous, mes Frères, de faire l'épreuve de cette puissance de la prière chrétienne. Ne parlons pas de l'ordre temporel ; et cependant là même, qu'est-ce que le dévouement n'a pas à demander ? qu'est-ce que la foi ne peut pas se promettre ? Ne parlons que de l'âme. Tous les jours nous nous plaignons de notre faiblesse, des difficultés, disons le mot, des impossibilités de la vertu. Aux préceptes de l'Évangile, aux exhortations de l'Église, aux réclamations de la conscience, combien souvent répondons-nous par cette parole de la volonté défaillante et qui désespère de soi : Je ne puis pas ! Si l'on nous dit : Mortifiez l'orgueil en vous-même : Je ne puis pas; domptez les sens : Je ne puis pas ; détachez-vous des créatures et de ce qui passe : Je ne puis pas : réformez-vous et sauvez-vous : Je ne puis pas. Eh bien, en ce moment la foi n'accuse pas vos prétextes : elle les accepte ; elle dit comme vous : Vous ne pouvez pas. Non, nous ne pouvons pas seuls et par nos propres forces, et constamment, nous livrer à nous-mêmes ces combats redoutables, où l'âme laisse comme une portion de soi, et d'où sort cette rude et sanglante victoire que l'on nomme la vertu. Nous ne pouvons pas nous faire humbles, détachés, pénitents ; nous ne pouvons pas nous convertir et nous sauver ; mais nous pouvons demander à Dieu qu'il fasse avec nous ce que nous ne pouvons faire sans lui. Nous pouvons tomber à genoux et lui dire : Mon Dieu! changez-moi et sauvez-moi; en un mot, nous pouvons prier. O vertu merveilleuse de la prière! De moi-même je ne puis rien ; mais au-dessus de moi, j'ai celui qui peut tout : je n'ai qu'à l'invoquer, et voilà qu'il prête sa toute-puissance à mon infirmité! Je vais à lui par ma prière ; il vient à moi par sa grâce. Sans la prière, j'étais faible de toutes les faiblesses de la créature : par la prière, je deviens fort de la force même du Créateur.

Et voilà, mes Frères, la véritable force de l'âme humaine, dans l'ordre de la conscience et du salut éternel : elle est à prier. Contemplez l'homme, dans le domaine de la nature et du temps. Là aussi, quelle faiblesse et quelle impuissance! tout lui résiste et tout lui est ennemi. Eh bien, cet homme si faible, si abandonné, ce semble, vient à bout de toutes les résistances, fait céder tous les obstacles, se soumet et rend tributaire de ses besoins la nature tout entière. Un infaillible instinct l'avertit de chercher hors de soi ce qu'il ne trouve pas en lui-même. Il saisit, par son génie et une volonté opiniâtre, les forces secrètes que Dieu a cachées dans le monde; il s'empare des énergies de la nature et il s'en fait obéir. Il lui dérobe quelque chose des éléments mystérieux dont elle compose ses soleils, et il en allume les phares qui illuminent ses nuits: il lui prend la vitesse de ses mouvements, pour transmettre sa pensée avec la rapidité de l'éclair; sa force d'expansion, pour donner des ailes à ses chars ou à ses barques, et les lancer, comme la foudre, sur le fer de ses chemins ou sur les ondes de ses fleuves. Le temps, l'espace, la matière sont à ses ordres; il est vainqueur, il est souverain, il est comme le Dieu de ce monde. Il peut tout en quelque sorte dans la nature, parce que par le travail et la science, il s'est approprié les lois, et, avec elles, la puissance du Créateur. Soyons-en sûrs, mes Frères, le monde de la grâce, si nous voulons, ne nous résistera pas davantage, nous résistera moins que le monde des corps. L'univers moral, lui aussi, a ses forces secrètes et ses lois mystérieuses, et qui mènent tout : il ne s'agit que de les saisir et de s'en emparer. Ici point d'études, point d'efforts et point de luttes : il suffit de prier. Dieu lui-même s'est engagé à se mettre à la discrétion de qui l'invoque. Vous avez entendu sa parole : « Demandez et vous recevrez. » Cette parole est immuable comme lui-même. Demandez, demandez pour vous, demandez pour autrui, demandez beaucoup, demandez toujours; vous pouvez tout, puisque pour tout obtenir, il suffit de tout demander. *Petite et accipietis.*

Et c'est là le dernier mot de la sainteté ici-bas : les saints ne sont pas des hommes d'une autre nature que nous; ce sont des hommes de prière. Dieu n'a point partagé le monde spirituel en deux classes, ainsi que notre illusion se le figure, la classe des privilégiés et la classe des déshérités de la vertu et du ciel. Non, mes Frères, il n'y a pas dans le monde des hommes qui ont la force en eux, comme nous le supposons des saints, et d'autres hommes, qui ne trouvent en eux que la faiblesse, comme nous le disons de nous-mêmes: des hommes qui ont reçu une nature plus heureuse, et d'autres hommes qui en ont reçu une plus rebelle;

des hommes qui n'ont que des passions dociles et soumises, et d'autres hommes qui n'en ont que de violentes et d'indomptables; des hommes enfin, à qui tout est facile, et d'autres hommes à qui tout est obstacle et impossibilité pour le bien et pour le salut. Non, mes Frères, il n'en va pas ainsi; s'il y a des hommes vertueux et des hommes qui ne sont pas vertueux, le secret est dans un seul mot: c'est qu'il y a des hommes qui prient et des hommes qui ne prient pas.

Convenons-en, mes Frères, ainsi envisagée, la vie chrétienne n'a plus, ne peut plus avoir d'impossibilités. Qu'y a-t-il qui soit plus à la portée de tous que de prier, et qui dira parmi nous: Je ne puis pas ou je ne sais pas? Est-ce que la prière veut le talent ou le travail? Est-ce un art qui s'apprenne des leçons de l'homme ou une science que l'on se crée laborieusement par la réflexion? Et qui nous apprend à prier le protecteur qui tient en ses mains notre fortune? Qui nous apprend, dans un péril subit, à appeler un aide ou un sauveur? Quand une pauvre créature humaine succombe à sa misère et à la faim, qui lui enseigne à tendre la main et à dire : Assistez-moi? Quand une mère au désespoir se voit lentement mourir dans un enfant bien-aimé, qui la fait tomber à genoux et dire au Ciel : Sauvez-le? Quand la vie est amère comme l'absinthe, quand de toute créature il ne sort que des douleurs et des épreuves, que l'on sent le cœur défaillir et qu'on ne sait plus où l'appuyer, qui fait lever le regard en haut et dire à Dieu : Ayez pitié de moi? De soi et par instinct la douleur prie, la crainte prie, la nécessité prie, tout sentiment profond de l'âme prie. La prière c'est un cri, c'est un regard, c'est une larme, c'est un soupir, c'est la parole, c'est le silence, c'est tout ce qui de l'âme s'échappe vers le ciel et dit: Mon Dieu! Tous peuvent, tous savent prier; parce que, pour prier, il suffit de sentir et de vouloir.

Et c'est ce qui explique pourquoi l'homme prie si peu ou ne prie pas. Nous ne sentons pas les maux de notre âme et nous n'en voulons pas la guérison: nous la voulons si peu, que nous sommes effrayés de la seule pensée de l'obtenir. Nous tremblons que Dieu ne nous prenne au mot, et pour être sûrs de n'être pas exaucés, nous ne demandons pas. Et ainsi, rendons-nous, même en ne priant pas, un hommage malheureux à la prière : nous proclamons sa puissance en craignant d'en user. Ah!

demandons-la avant tout, cette volonté qui nous manque. Disons à Dieu : Seigneur, il n'est que trop vrai! je ne veux ni de la vertu ni de vous; mais vous tenez votre créature en vos mains; et à votre gré, vous lui ôtez le cœur ancien et vous lui donnez un cœur nouveau. Mon Dieu! faites en moi ce miracle: faites-moi vouloir ce que je ne veux pas, et ne plus vouloir ce que je veux. Essayons de cette prière, comme tant d'autres en ont essayé avant nous. N'en doutez pas, Dieu la bénira dans notre cœur et sur nos lèvres; pour nous, comme pour eux, ce sera la conversion et ce sera le salut.

Voilà, mes Frères, l'efficacité de la prière chrétienne: puissiez-vous y croire, surtout puissiez-vous en faire l'expérience! Certes, nul plus que nous et d'un cœur plus dévoué, ne vous souhaite la vertu et le ciel. Et toutefois, nous ne disons pas à Dieu pour nos auditeurs : Mon Dieu ! faites des saints et faites des élus. Nous disons, nous souhaitons, nous demandons tout en un mot : Mon Dieu ! faites des hommes de prière. Ni la foi ni le zèle ne sauraient rien vous souhaiter de plus heureux pour le temps et pour l'éternité.

Ainsi soit-il !

QUATRIÈME DIMANCHE DE CARÊME.

DISCOURS

SUR

LA GLOIRE ET LES CONSOLATIONS DU RICHE CHRÉTIEN PAR LA BIENFAISANCE.

DISCOURS

SUR

LA GLOIRE ET LES CONSOLATIONS DU RICHE CHRÉTIEN

PAR LA BIENFAISANCE.

Cùm vidisset quia multitudo maxima venit ad eum, dixit : Undè ememus panes ut manducent hi (1)?

Jésus ayant vu une grande foule venir à lui, dit : Où acheter du pain pour nourrir ce peuple?

De l'Évangile de ce jour.

SIRE,

A quel touchant spectacle nous fait assister l'Évangile ! La foule a suivi Jésus-Christ au désert et sur la montagne.

(1) Joan. VI, 5.

Tout entière à la parole et aux œuvres de ce maître incomparable, elle ne s'aperçoit plus de la fuite des heures et elle oublie, à le voir et à l'entendre, les plus impérieuses nécessités de la vie. Mais la sollicitude de Jésus-Christ veille sur ce peuple. Il s'émeut à la seule pensée que sa foi puisse lui coûter une souffrance, et d'autant plus préoccupé des besoins de la foule qu'elle y songe moins elle-même, il y pourvoit par un miracle. Par la même vertu, qui du grain jeté à la terre, fait sortir la moisson de chaque année, il multiplie quelques pains et quelques poissons et il rassasie une multitude affamée.

Que voilà bien le cœur de notre maître ! Il n'est insensible à aucune misère, et indifférent à aucune nécessité. Serviteur de tous quoique le Dieu de tous, ses compassions s'étendent à tous les besoins de ses créatures et les miracles ne sont plus qu'un jeu de sa puissance, dès qu'ils lui sont nécessaires pour secourir ou pour consoler. Quels plus nobles exemples proposer aux riches chrétiens que ceux d'une bonté si divine? Jésus-Christ est le modèle de tous : par sa charité, il l'est surtout de ceux à qui il a donné la fortune. Il leur enseigne le légitime usage d'une condition élevée et qu'elle n'a rien de plus précieux que la puissance de faire du bien. Oui, mes Frères, la bienfaisance est la gloire et la consolation du riche chrétien, et au point de vue de la foi et au point de vue du monde lui-même. C'est ce qu'il faut vous expliquer avec la bénédiction de la très-sainte Vierge.

I.

Et d'abord, la bienfaisance est la gloire et la consolation du riche chrétien au point de vue de la foi. A ne considérer que la lettre de l'Évangile, il semble que les fortunes de ce monde sont traitées bien rigoureusement de Jésus-Christ, et qu'elles n'ont que trop sujet de lui reprocher la dureté dont il use à leur égard ; ou il les effraie de ses menaces, ou il les accable de ses anathèmes. Serait-il vrai qu'un Dieu soit aussi impitoyable envers des conditions qui viennent de lui et que l'auteur de la société flétrisse de sa malédiction des biens sans lesquels la société est impossible ? Non, mes Frères, il n'en est pas ainsi. Ce que

Jésus-Christ condamne, ce n'est pas la fortune. c'est l'oubli des devoirs attachés à la fortune même; et il ne réprouve dans les riches que l'infidélité qui donne aux passions ce qui appartient à la charité. Loin de réprouver les riches, je trouve qu'au contraire l'Évangile les honore, les élève. les consacre même, sous la condition qu'ils fassent entrer la bienfaisance dans leur état et qu'ils soient riches et miséricordieux tout ensemble. Qu'y a-t-il de plus grand. aux yeux de la foi, que d'être l'image et la personnification d'un Dieu? C'est l'honneur du pauvre: l'Évangile à la main, nous pouvons affimer que c'est l'honneur du riche charitable. Il est vrai que cette dignité du riche miséricordieux n'est pas, comme celle du pauvre. directement proclamée par l'Évangile: mais elle n'en a pas moins son fondement solide dans l'Évangile même : elle ne s'appuie pas sur la parole expresse de Jésus-Christ, mais elle s'appuie sur sa vie tout entière.

Quel est, en effet, le caractère propre de Jésus-Christ? Ecoutez saint Paul aux fidèles de Corinthe. Il sollicite leurs aumônes en faveur des pauvres de Jérusalem, et pour exalter la charité par la foi, il leur rappelle les exemples du Sauveur du monde : « Vous savez, leur dit-il, quelle a été la charité de notre Seigneur Jésus-Christ ; il était riche par le privilége de sa divinité et il a daigné se faire pauvre pour l'amour de vous, afin de vous enrichir de sa propre indigence. » *Scitis enim gratiam Domini nostri Jesu Christi, quoniam propter vos egenus factus est, cùm esset dives, ut illius inopiâ vos divites essetis* (1). La

(1) II Cor. VIII, 9.

grandeur qui descend par miséricorde, la richesse qui se dépouille par charité, voilà donc le caractère propre de Jésus-Christ : ces deux mots expliquent son incarnation et résument, dans leur idée la plus haute, tous les mystères de sa vie. Or c'est le privilége de la bienfaisance chrétienne de communiquer aux riches ce caractère de Notre-Seigneur, de telle sorte que, si vous en exceptez le sacerdoce, nulle condition sur la terre ne représente plus naturellement et plus vivement Jésus-Christ.

Et ne croyez pas qu'en parlant ainsi, nous flattions pieusement les fortunes de ce monde dans l'intérêt de la pauvreté et du malheur. Non, nous restons dans l'exacte vérité, et nous ne faisons que développer les conséquences nécessaires de notre foi. Sans doute, les pauvres ont l'insigne honneur d'être les vivantes images de Jésus-Christ souffrant. En eux, nous ne saurions trop le redire, c'est un Dieu qui pleure, un Dieu qui a faim et qui a soif, un Dieu qui mendie et un Dieu qui reçoit. Cependant, le pauvre, si haut qu'il ait plu à Jésus-Christ de l'élever, ne peut être sa parfaite ressemblance. Le pauvre est pauvre par la nécessité de sa condition; Jésus-Christ ne l'est que par la liberté de son choix, il est riche par la nécessité de son être divin. Le pauvre, par conséquent, ne représente que par un côté l'état de Jésus-Christ sur la terre; ce qu'il fut par sa miséricorde et non ce qu'il est par sa nature. Mais voulez-vous de l'Homme-Dieu une image plus sensible, une ressemblance plus achevée? Cherchez-la dans le riche que la condition élève et que la miséricorde abaisse; qui possède et que la charité dépouille; qui pourrait jouir et sans désordre et qui s'impose le sacrifice en faveur des indigents et des malheureux.

J'en appelle, en effet, à vous-mêmes, mes Frères. Représentez-vous un de ces hommes comme l'Évangile seul sait les créer; un homme qui a reçu du ciel la fortune, mais qui s'en regarde moins comme le maître que comme le dépositaire; qui prélève justement sur ses richesses ce que réclament les droits de la famille et les bienséances de la condition, et respecte le surplus comme le patrimoine des malheureux; qui n'estime rien davantage dans l'opulence et dans une position élevée que la puissance de secourir l'infortune; qui ne craint pas de descendre jusqu'aux pauvres pour se faire leur ami et leur serviteur; qui est heureux de tout retrancher à ses désirs pour soulager leurs besoins ; qui sait même, s'il le faut, oublier ses nécessités personnelles pour venir au secours de nécessités étrangères, c'est-à-dire souffrir pour que ses frères souffrent moins ou, s'il se peut, ne souffrent plus. Je vous le demande, un riche tel que je vous le dépeins, n'est-il pas la personnification la plus vraie de Jésus-Christ ? A des traits si touchants, ne vous semble-t-il pas reconnaître la figure adorable du Sauveur du monde ? Quand vous l'avez rencontré dans la vie, n'avez-vous pas salué en lui, sous des traits mortels, l'image de la Divinité ? Pour moi, je l'avoue, je ne pense jamais à ces héros de la charité sans que ma foi ne se représente aussitôt en eux la ressemblance vivante de mon Dieu. Je me rappelle celui qui passa parmi les hommes *en faisant le bien* (1),

(1) Act. x, 38.

et je me dis à moi-même : Ainsi, celui qui est la grandeur souveraine, s'est fait le serviteur de nos misères : ainsi, celui qui est riche et la source de tout bien, s'est dépouillé pour notre amour et nous a enrichis de ses privations. Oui, ce riche miséricordieux m'apparaît comme son plus auguste représentant dans la société : ma foi voit Jésus-Christ revivre en lui, et elle unit dans sa vénération religieuse, et le Dieu qui fut le premier modèle de la charité et l'homme qui en retrace si bien le caractère. *Egenus factus est, cùm esset dives.*

Et remarquez, mes Frères, une autre circonstance qui est toute à la gloire du riche charitable. Loin de nous, certes, la pensée de disputer aux malheureux les prérogatives qu'un Dieu leur a données en compensation de leurs misères.

Qui ne voit, cependant, que le pauvre ne se crée pas à lui-même la dignité que la foi vénère dans sa personne ? Il a l'honneur de représenter Jésus-Christ; mais cet honneur tient à sa condition et non à sa volonté. Son état a beau être vénérable, il ne suppose aucun mérite personnel : sa dignité est tellement indépendante de lui-même, qu'il peut être vicieux, criminel, impie et rester toujours la personnification de Jésus-Christ souffrant. En un mot, il en est de lui comme des symboles eucharistiques : ils cachent un Dieu et n'en restent pas moins de terrestres apparences. Il en est autrement de vous, ô riches miséricordieux ! D'elle-même, votre condition ne vous crée aucune grandeur dans les idées de la foi ; que dis-je ? si elles n'étaient relevées par un saint usage, les richesses ne feraient que mettre, entre

Jésus-Christ et vous, des abîmes. Si donc vous aussi, vous avez cette gloire de représenter et si parfaitement Jésus-Christ, vous le devez non à la condition mais à vous-mêmes. Jésus-Christ n'entre dans votre dignité que comme l'auteur de votre fortune et du noble usage qui la sanctifie ; car de lui seul dérive tout bien et dans l'ordre de la nature et dans l'ordre de la grâce. Mais il ne fait pas seul, vous faites avec lui votre grandeur ; c'est par le dévouement et le sacrifice que vous êtes les vivantes images d'un Dieu. Ainsi, ce qui vous élève, vous sanctifie ; vos prérogatives sont vos mérites, et la Religion ne peut honorer en vous la dignité de Jésus-Christ sans honorer vos vertus.

Et voilà, ô vous qui avez reçu de la Providence les biens de ce monde, ce qui doit être la consolation de votre foi.

Si souvent, ô riches, vous vous plaignez de la difficulté du salut ; si souvent, vous nous dites que votre condition vous éloigne de Dieu et vous crée des obstacles insurmontables à la piété. Comment votre condition vous éloignerait-elle de Jésus-Christ, puisqu'elle est, si vous le voulez, le moyen de ressembler à Jésus-Christ ? Sans doute, la fortune séparée de la religion qui en règle l'usage est, pour qui la possède, le plus grand des périls ; les richesses sont d'elles-mêmes l'attrait des passions et l'occasion de toutes les chutes. Mais qu'elles passent aux mains de la charité, elles changent de nature ; elles se transforment en instruments de vertus et en occasions de mérites. Les richesses, dit admirablement un saint, ressemblent aux eaux de nos fontaines : retenez leurs cours, elles se corrompent ; au contraire, laissez ces eaux s'écouler et se répandre, elles portent avec elles la fécondité et la vie. Retenez les richesses pour vous seuls ; elles se corrompent, et votre âme avec elles. *Divitiæ vestræ putrefactæ sunt* (1). Laissez-les couler de vos mains et se répandre sur les pauvres, elles fécondent votre âme et la vivifient (2). O riches ! comprenez la puissance de la charité : il ne dépend que de vous de pratiquer toutes les vertus dans une seule. Non que l'aumône dispense de tout devoir, mais parce que l'aumône, faite dans un esprit vraiment chrétien, ou suppose ou entraîne la pratique de tous les devoirs. Oui, donnez aux pauvres ; donnez beaucoup, et après avoir beaucoup donné, donnez encore ; don-

(1) Jac. v, 2.
(2) S. Hildeb. Ep.

nez au prix du dépouillement et du sacrifice : dans un seul précepte, vous avez accompli toute la loi. Vous êtes tempérants, parce que vous ôtez à la sensualité tout ce que vous donnez à la charité. Vous êtes pénitents, parce que la charité, en vous préoccupant des souffrances de vos frères, vous fait oublier le plaisir. Vous êtes humbles, parce que la charité vous rend les serviteurs des plus petits d'entre vos semblables. Vous êtes mortifiés, parce que la charité vous impose les privations pour les épargner aux malheureux. Enfin, vous êtes détachés, parce que la charité vous fait de votre fortune un bien étranger, que vous possédez non pour vous-mêmes, mais pour les pauvres. Oui, soyez dans la perfection de la charité, et vous êtes dans la perfection de la sainteté. Vous reproduisez tout ensemble, l'état et les vertus mêmes de Jésus-Christ. Comme lui, vous unissez dans vos personnes ce qui est le caractère de la sainteté de l'Homme-Dieu, la grandeur et l'humilité, la richesse et le détachement, la faculté de jouir et le sacrifice. Comme lui, vous tirez de votre élévation même vos vertus, et vous faites tout pour Dieu par cela seul que vous faites tout pour les hommes. *Egenus factus est, cùm esset dives.* Riches chrétiens, voilà ce que vous promet la bienfaisance qui s'inspire de la foi. Elle met la dignité dans vos personnes, le mérite dans votre vie, et d'une façon si heureuse, que les dons de la nature deviennent pour vous des dons de la grâce et que, les premiers dans la société par la fortune, il ne tient qu'à vous de vous trouver encore les premiers dans la religion par la charité.

II.

Mais, ne croyez pas que la bienfaisance chrétienne n'ait pour elle que les gloires et les consolations de la foi ; elle a encore celles du monde lui-même. Que demandent les hommes à la fortune, sinon la grandeur et les jouissances? C'est la bienfaisance qui fait sortir des richesses, la plus solide grandeur et les plus douces jouissances du riche ; grandeurs et jouissances vraiment divines, puisque ce sont les seules que Jésus-Christ ait voulu connaître ici bas. C'est un nouveau trait de ressemblance entre le riche charitable et le Sauveur du monde.

Quelle fut en effet la grandeur humaine de Jésus-Christ ? Toutes les gloires de ce monde vinrent au-devant de lui : il ne voulut que d'une seule, celle de la bienfaisance. Mais aussi, qui la posséda comme lui ? O triomphe de la charité ! La malice des hommes a pu tout disputer à un Dieu ; elle n'a pu méconnaître en lui les grandeurs du dévouement. Les passions résistent tous les jours à la foi de sa doctrine et de ses miracles ; elles ne peuvent refuser des hommages à la mémoire de ses bienfaits. En lui, elles blasphèment le Dieu ; mais bon gré mal gré, elles bénissent le bienfaiteur de l'humanité.

Riches chrétiens, il ne tient qu'à vous de partager cette gloire de Jésus-Christ. Hélas ! c'est le péril des fortunes de ce monde de s'élever au-dessus de la condition humaine. Les riches ont beau rencontrer de toutes parts les preuves de leur néant ; qu'il leur est difficile de n'oublier jamais qu'ils ne sont que des créatures, comme le reste des mortels! Trop souvent on les vit faire les dieux, comme parle le Prophète, et vouloir être traités en dieux. Il est cependant pour les riches, un orgueil légitime et que la Religion ne condamne pas : loin de là, elle travaille sans relâche à l'exalter. Qu'ils soient donc, s'ils le veulent, ambitieux; mais qu'ils le soient noblement et saintement : qu'ils aspirent à s'élever; mais que ce soit par la charité. Oui, ô riches! Voilà un but digne de vos désirs et de vos efforts. Aspirez à être les divinités d'ici-bas; mais ne faites pas les dieux à la manière des idoles, qui reçoivent et ne donnent pas : soyez dieux, comme Jésus-Christ. en faisant du bien. En un mot, soyez les bienfaiteurs de vos semblables, vous crie saint Chrysostôme, et vous êtes des dieux. *Fac calamitoso et sis Deus.*

Et c'est là, n'en doutez point, la solide grandeur du riche. Seules et d'elles-mêmes, les richesses sont quelque chose de trop détaché de nous, pour nous créer une véritable élévation : elles peuvent élever la condition, elles ne sauraient élever l'homme lui-même. Que la charité supplée heureusement à l'impuissance de la fortune ! Elle crée une supériorité nouvelle, qui fait monter tout ensemble et la condition et la personne. Croyez-moi, voilà la grandeur dont il faut être jaloux ! Celle-là vient du cœur, et l'homme n'est vraiment grand que par le cœur. Celle-là ne doit rien aux circonstances ; on la tire tout entière de soi-même. Celle-là, on est sûr de ne la partager qu'avec le mérite : elle est le privilége des nobles cœurs et des grandes âmes. Celle-là, elle n'a point d'envieux; elle ne fait que des obligés et des heureux. Celle-là nous mérite le plus beau des hommages; elle nous vaut la vénération religieuse, et quelque chose du culte qui s'adresse à la Divinité. *Fac calamitoso et sis Deus.*

Ce n'est pas de nos jours, qu'on peut négliger une telle gloire et si facile. Quand les fortunes de ce monde eurent-elles plus d'ennemis? De quelque côté qu'elles se tournent, elles rencontrent, ou la convoitise qui se croit dépouillée de tout ce qui n'est pas à elle, ou l'orgueil qui se tient humilié de tout ce qui n'est pas sous lui. Riches chrétiens, la jalousie des passions vous menace: c'est à vous de vous défendre par la charité. Elles s'efforcent d'obscurcir vos droits; prouvez-les par la démonstration irrésistible des bienfaits. Elles ne pardonnent pas aux supériorités sociales; reconciliez-les avec votre élévation par vos dévouements. Elles blasphèment la Providence qui a fait les riches; confondez leurs blasphèmes en montrant, par vos exemples, que les riches ne reçoivent du Ciel que pour donner, comme les hautes montagnes qui ne retiennent les nuées que pour les renvoyer en pluies fécondes à nos plaines. En un mot, les passions en veulent à votre opulence et à vos grandeurs; en faisant du bien, infligez-leur une suprême défaite : condamnez-les à admirer, à vénérer et à bénir.

Vous tenez donc, ô riches, votre grandeur entre vos mains. Soyez généreux, soyez charitables; la reconnaissance publique vous rendra au centuple en respects, en amour, en culte religieux ce que vous vous serez ravi à vous-mêmes par la charité. Ainsi, quand vous donnez, vous recevez; quand vous vous oubliez pour vos semblables, vous travaillez pour vous-mêmes; quand vous vous faites petits auprès d'eux, vous devenez grands; quand vous vous faites leurs serviteurs, vous êtes plus que leurs supérieurs, vous êtes leurs divinités. Encore une fois, ô riches, soyez généreux, soyez charitables et vous êtes des dieux. *Fac calamitoso et sis Deus.*

Mais ce n'est pas tout : la bienfaisance, qui fait la grandeur du riche chrétien, va faire encore ses jouissances les plus douces. Ne perdons pas de vue le modèle divin, Jésus-Christ. Jésus-Christ a eu ses joies sur la terre, car il en faut même à un Dieu; mais joies sublimes et bien dignes de son cœur. Saint Paul nous en révèle le secret dans cette parole du Sauveur, que l'Evangile ne nous a point transmise, mais que le saint Apôtre a conservée au monde : *Beatius est magis dare quàm accipere* (1). « C'est chose plus heureuse de donner que de recevoir. » Et que fit Jésus-Christ, en ce monde, qu'obliger, que servir, que donner à tous et en toutes manières ? Ce furent ses seules jouissances ici-bas : il ne connut que celles du dévouement et des bienfaits.

Apprenons d'un si grand exemple, que c'est dans la bienfaisance, que Dieu a caché la véritable joie du riche. Les fortunes élevées portent en elles-mêmes un ver secret qui les ronge. Le vulgaire, qui ne voit les choses que de loin et à la surface, envie aux riches leur félicité : il ne sait pas que, sous ces dehors, il y a une misère intime et qui

(1) Act. XX, 35.

ne permet de jouir de rien, l'ennui. Riches du monde, il faut vous distraire de cet ennui qui vous tue : la charité vous offre les distractions les plus heureuses. Au milieu de vos prospérités, votre âme reste vide : eh bien, remplissez votre cœur et votre existence, mais que ce soit par des bienfaits. Vous ne sauriez rester seuls avec vous-mêmes; la solitude vous accable : eh bien, fuyez-vous vous-mêmes, mais que ce soit pour aller aux malheureux et aux pauvres. La vie si souvent vous pèse : rendez-la légère en prenant le fardeau de vos frères. Vous avez tant de douleurs et si amères quelquefois : oubliez-les en consolant les douleurs d'autrui. Vos joies sont si rares et encore si fugitives : procurez-en à vos semblables, et créez-vous à vous-mêmes le bonheur, en le donnant à ceux qui souffrent. Je ne dis rien qui n'ait sa preuve dans votre expérience personnelle. Vous avez fait souvent du bien ; votre cœur nous en est garant : ne sont-ce pas les joies les plus vraies, les plus douces que vous ayez connues? Oui, quand vous avez visité l'abandon du pauvre ; quand vous avez consolé ceux qui pleuraient ; quand vous avez donné du pain à une pauvre mère, qui ne nourrissait ses enfants et elle-même que de ses larmes ; quand vous avez remplacé la Providence, auprès d'une famille délaissée, en adoptant son infortune ; en un mot, quand, à l'exemple de Jésus-Christ, vous êtes descendus pour servir, vous vous êtes dépouillés pour donner, est-ce qu'alors votre âme ne s'est point dilatée en elle-même ? Est-ce que vous n'avez pas senti votre cœur se remplir, votre être s'élever, votre vie s'agrandir d'une vie nouvelle et jusque-là inconnue? Quelles joies comparer à celles-là? La raison les avoue; la conscience les consacre; le temps, loin de les flétrir, les reproduit par le souvenir même: car c'est la fécondité merveilleuse de la charité, de faire naître, de la mémoire du bienfait, une jouissance toujours nouvelle. Quand vous avez usé de la fortune pour vous seuls, que vous a donné la fortune? Les plaisirs vous ont laissés moins hommes, selon l'expression d'un ancien; ils ne vous ont point laissés plus heureux. Déçus alors que vous fûtes par les créatures, vous les avez accusées, comme Salomon. Dans votre chagrin, vous avez prononcé, comme lui, que tout ici-bas n'est qu'affliction et que le bonheur n'est qu'un mot. C'était désespérer trop tôt de l'existence, du bonheur et de vous-mêmes. Il faut essayer de la vie, par un autre endroit, avant de lui jeter un anathème décisif. Ne fût-ce que pour épuiser l'expérience, tentez, à la suite de Jésus-Christ, la voie des sacrifices par la charité. Vous n'avez pas trouvé le bonheur à recevoir : voyez enfin si, comme Jésus-Christ, vous ne trouveriez pas le bonheur à donner. Riches chrétiens, j'en ai dit assez à votre foi et à vos cœurs. La voie de la béatitude vous est ouverte: donnez, et vous êtes heureux ; donnez, s'il se peut, sans mesure, et vous êtes parfaitement heureux. *Beatius est magis dare quàm accipere.*

Voilà donc le privilége de la charité! Par une touchante ressemblance de condition, de vertu, de grandeur, de jouissances même, elle reproduit dans le riche le caractère de Jésus-Christ. Que notre Religion est belle! et qui n'admirerait les célestes créations de sa foi ? Quand une fausse sagesse a voulu relever les classes malheureuses de l'abaissement attaché à l'indigence, qu'a-t-elle fait? Elle a humilié le riche en l'insultant : le pauvre en a-t-il été moins à plaindre? Elle lui a laissé ses misères, et ne lui a donné que des vices de plus. Que la Religion est plus sage! Elle sait bien que, dans la société, les hommes se partageront toujours inégalement la fortune, comme, dans la nature, les arbres se partagent inégalement les sucs de la terre et la lumière du soleil; qu'en un mot, il y aura toujours des pauvres. Au lieu de rêver une égalité chimérique, laquelle ne serait que l'abaissement de tous au profit de personne, elle laisse à la société temporelle les distinctions qui séparent les classes pendant les vingt-quatre heures du pèlerinage; mais elle établit dans la société spirituelle, une égalité sans péril et qui est l'élévation de tous. Pour rendre aux pauvres ce que la condition leur ravit, elle met en eux Jésus-Christ; et de peur que ce magnifique contre-poids ne les élève trop au-dessus des riches, elle enseigne à ceux-ci qu'il ne dépend que d'eux de partager le glorieux privilége dont elle a doté l'indigence. Grâce à cette admirable économie, toutes les distances se rapprochent et toutes les divisions s'effacent. Vivant tout ensemble et dans le pauvre et dans le riche, Jésus-Christ les consacre également : il les unit tous deux, dans les liens d'une Religion commune qui divinise dans l'un le malheur et dans l'autre la charité.

Riches chrétiens, puissiez-vous vous inspirer toujours de ces saintes et divines pensées de notre foi ! Certes, les exemples illustres ne nous manquent pas : nous n'avons besoin que de regarder le trône pour nous animer à toutes les générosités et à tous les dévouements. Honorons une royale bienfaisance en l'imitant. Notre charité trouvera une première récompense dans les bénédictions du malheur ; la reconnaissance de Jésus-Christ lui en promet une seconde et plus heureuse encore, dans sa grâce pour le temps et dans sa gloire pour l'éternité.

Ainsi soit-il !

CINQUIÈME DIMANCHE DE CARÊME.

DISCOURS

SUR

LA GRANDEUR DU CHRÉTIEN.

DISCOURS

SUR

LA GRANDEUR DU CHRÉTIEN.

Si ego glorifico meipsum, gloria mea nihil est (1).

Si je me glorifie moi-même, ma gloire n'est rien.

De l'Évangile de ce jour.

SIRE,

C'est Jésus-Christ qui a prononcé cet oracle : La gloire que l'homme se donne à lui-même n'est rien. Qu'est-ce à dire, mes Frères? Venons-nous dans ces

(1) Joan. VIII, 54.

chaires, faire le procès à toute gloire humaine, au risque de condamner les grandeurs les plus légitimes de notre nature? A Dieu ne plaise! Nous honorons tout ce qui honore l'homme : nous disons seulement, que toute gloire qui est séparée de la religion n'est rien; rien devant Dieu, qui ne couronne que les mérites dont sa grâce est le principe; rien en elle-même, parce qu'elle n'est qu'humaine, et que tout ce qui est humain finit, et que de tout ce qui finit, un jour et une heure viendra où il faudra dire : Cela n'est rien. En un mot, nous disons au nom de Jésus-Christ : Soyez grands par l'intelligence, grands par le caractère, grands par le courage, grands par le cœur; mais ajoutez à toutes ces grandeurs ce qui leur donne une réalité immortelle devant Dieu; soyez chrétiens.

Être chrétien, c'est en effet la solide gloire de l'homme, celle qui élève toutes les autres et au besoin les supplée. Le monde ne peut lui refuser son hommage : que met-il au-dessus des sages et des héros? Ce sont les deux caractères du chrétien : par l'esprit de foi, il est un sage ; par l'esprit de sacrifice, il est un héros. Daigne la très-sainte Vierge m'obtenir la grâce de vous convaincre et de vous toucher!

I.

Voir de haut et voir juste, et agir comme l'on voit, si je ne me trompe, c'est le sage : j'ajoute : c'est le chrétien.

D'abord le chrétien voit de haut. On voit de haut, quand on n'envisage rien qu'au point de vue de Dieu et de l'avenir immortel. L'esprit de l'homme, en effet, participe de l'objet à quoi il s'attache; il s'élève avec lui, et avec lui il s'abaisse. Qu'y a-t-il de plus élevé, que ce qui est infini et éternel? Qu'y a-t-il qui le soit moins, que ce qui est limité de toutes parts, et qui, en moins d'une heure, a passé et sans retour? Toute pensée qui ne sait pas quitter la terre, est donc nécessairement une pensée inférieure; et toute pensée qui va jusqu'à Dieu, une pensée sublime. Et ainsi, par une conséquence inévitable, rien n'est moins élevé que la pensée du monde, et rien ne l'est davantage que la pensée du chrétien.

Ce qui nous trompe, mes Frères, c'est que dans notre appréciation des hommes et des choses, nous sommes dominés par la persuasion irréfléchie que ce monde est la sphère propre, ou même la sphère unique de l'âme humaine. Tous les hommes qui s'élèvent de la foule par la grandeur de leurs vues dans l'ordre naturel, nous sont absolument et à l'exclusion de tous, des génies sublimes. Nous oublions qu'après tout, s'ils ne sont chrétiens, ils ne sortent pas du cercle où le temps nous emprisonne. Ils ne pensent que pour la terre et le présent; ils ne sont donc ni plus hauts que la terre, ni plus hauts que le présent. Je ne nie pas en eux la puissance de l'esprit, j'en conteste l'usage. Je sais et j'avoue qu'ils sont capables de voir de haut et de loin; mais j'affirme qu'ils laissent cette capacité oisive en eux-mêmes. Génies sublimes, tant qu'on voudra; s'ils ne vont au delà de ce monde, que sont-ils, même pour la raison, que les grands esprits des choses vulgaires et les esprits vulgaires des grandes choses?

Qu'il en est autrement du chrétien? Vous pouvez lui demander compte de ses vues : vous n'y trouverez rien qui se termine au présent. Il estime que ce qui change toujours et passe si vite, est moins une réalité qu'une chimère. Sur les ailes de sa foi, il s'envole loin de ces horizons étroits de la terre; et où va-t-il? à une région plus élevée et plus stable tout ensemble, à la région de l'infini et de l'éternel. Une fois à cette hauteur, sa pensée ne descend plus. Intérêts, passions, fortune, gloire, tout ce qui n'est qu'une figure de ce monde qui va périr, s'efface à ses yeux. Il ne voit que ce qui est immuable, que ce qui n'a point de limites et point de fin. C'est en lui le caractère de l'intelligence, qu'elle ne s'arrête à aucunes bornes, et qu'elle va au-dessus de toute créature, jusqu'à Dieu même. O serviteurs de Jésus-Christ, qu'élevées sont vos vues et nobles vos pensées! Autour de vous, la foule pense en hommes; vous, vous pensez en Anges, ou plutôt vous pensez comme le Maître des Anges, comme Dieu. Votre raison est plus que supérieure; par la foi, elle est surhumaine. On vous fait tort, on vous amoindrit quand on se contente de vous proclamer des esprits sublimes : pour vous rendre justice, il faut dire que, dans une nature d'homme, vous êtes des esprits divins.

De plus, les vues du chrétien sont aussi justes que sublimes : c'est même leur sublimité qui fait leur justesse. Au fond, à quoi se réduisent ses vues, sinon à estimer que Dieu étant tout, ce qui n'est pas lui n'est rien? De là ses jugements sur les créatures; qu'elles sont fragiles, inconstantes, vides; qu'il n'y a à attendre d'elles que des illusions et des regrets. Sont-ce là des jugements faux? N'est-ce pas ce que la raison enseigne, ce que l'expérience démontre, ce que le monde dit lui-même et avec quelle éloquence! quand la créature fatigue, ou trahit, ou échappe? La différence de l'homme du monde au chrétien, c'est que le premier s'arrête à l'apparence, et que le second va au fond des choses. Pourquoi l'homme du monde prête-t-il aux créatures mille réalités qu'il s'afflige plus tard de ne pas rencontrer en elles? C'est qu'il prend le dehors de l'être pour l'être lui-même, semblable aux enfants qui prennent le reflet des objets dans un miroir pour les objets mêmes. De ce que Dieu a laissé tomber sur la créature un rayon du beau, du bien, de la vie qui est en lui, il conclut que la créature possède de soi la beauté, la bonté, la vie. Il va par tous ses désirs et par tout son amour à cette ombre. Puis, quand il se trouve déçu ; quand, la surface traversée, le fond apparaît avec sa nudité et son néant ; quand il en touche du doigt la vanité et le vide, il dit comme Salomon : On m'a trompé. Que le chrétien voit plus juste et du premier coup ! L'apparence ne lui impose pas ; l'expérience n'a rien à lui apprendre ; sa raison, éclairée par la foi, lui a d'avance tout révélé. Il devine le vide des créatures jusque dans leur éclat, leurs perfidies jusque dans leurs caresses. D'une même intuition, il embrasse les deux extrémités de chaque chose : au bout du plaisir, le remords ; au bout des attachements, l'inconstance ; au bout de la fortune, l'ennui ; au bout de la gloire, le désenchantement; au bout de toute grandeur d'ici-bas, une catastrophe inévitable, la mort. Aussi le chrétien est-il le plus prudent des hommes: à la lettre, lui seul sait prévoir dans la plus grande des affaires, celle de la destinée. L'homme du monde est surpris tous les jours et en mille manières; surpris par les passions, surpris par les sens, surpris par l'occasion, surpris par les événements, par-dessus tout surpris par l'éternité: le chrétien ne l'est jamais. La foi le tient en garde contre les créatures et contre lui-même, et prêt pour toutes les chances de l'avenir.

Enfin, mes Frères, le chrétien voit de haut et voit juste, et agit comme il voit: c'est tout ensemble le plus clairvoyant et le plus conséquent des hommes. Quel exemple pour nous, qui nous surprenons sans cesse à penser d'une façon et à agir de l'autre; en théorie, pleins de mépris pour le monde; en pratique, toujours ardents pour le monde, et passant la vie à poursuivre ce que nous traitons de chimère! Le chrétien est mieux d'accord avec lui-même. Il estime que le monde est faux; il se défie du monde: que les créatures sont vaines; il n'y met pas son cœur: que les sens sont les premiers ennemis de l'âme; il leur fait la guerre: que le solide bien de l'homme, c'est l'amitié de Dieu; il lui sacrifie tout: que le ciel est la vraie patrie; il y habite par le désir: enfin, que le bonheur n'est qu'en Dieu; il vit pour Dieu seul. En un mot, il est conséquent en tout, dans son détachement, dans sa pénitence, dans ses sacrifices, dans ses désirs, dans ses craintes, dans son amour.

Le chrétien est donc le véritable sage: aujourd'hui, la Religion le proclame:

bientôt le monde sera contraint de le reconnaître. Elle viendra, elle est près cette heure qui amènera aux mains de Dieu, et pour des comptes suprêmes, l'homme du monde et le chrétien. Alors, dit le Saint-Esprit, le juste se lèvera, avec une contenance assurée, devant ceux qui le persécutent aujourd'hui de leurs dédains. *Tunc stabunt justi in magnâ constantiâ adversùs eos qui se angustiaverunt* (1). Ces censeurs, maintenant si hautains, de la vertu, s'accuseront à leur tour, et ils diront : « C'est nous qui avons manqué de sens dans la conduite de la vie. » *Nos insensati* (2). « Donc nous nous sommes trompés. » *Ergò erravimus* (3). Regrets tardifs et qui ne répareront rien. Ah ! mes Frères,

(1) Sap. v, 1.
(2) Sap. v, 4.
(3) Sap. v, 6.

séparons-nous du monde pendant qu'il en est temps, et mettons-nous du côté du chrétien. Apprenons de la même foi à voir les choses de la même hauteur et sous le même jour. Ne soyons pas de ceux qui disent : Mais pour penser en chrétien, il faut sortir de la société humaine; il faut abdiquer toute étude, tout intérêt, tout soin du présent et de la vie! Non, mes Frères, il ne faut rien abdiquer; mais il faut tout subordonner à une étude plus nécessaire, à un intérêt plus sérieux, à des soins plus pressants, à l'étude, à l'intérêt, aux soins de l'éternité. Soyons hommes de science, soyons hommes d'affaires, soyons hommes publics; mais avec tout cela et au-dessus de tout cela, soyons chrétiens.

II.

Par la foi, le chrétien est le vrai sage : par l'esprit de sacrifice, il est le vrai héros. Le héros est la plus belle gloire de notre nature : le sage honore l'intelligence, mais le héros honore le cœur humain ; et comme c'est le cœur surtout qui fait l'homme, le grand homme par excellence, c'est le héros. Il est tout simple que le monde prétende à l'honneur de le produire : la Religion serait au-dessous du monde, si elle ne lui disputait le privilége d'une si noble création.

Un grand courage, dans une grande cause et pour un grand motif, ne sont-ce pas les conditions de l'héroïsme ? Qui les remplit mieux et avec plus d'éclat que le chrétien ?

On ne lui contestera pas la grandeur de la cause. Il combat pour quelque chose de si élevé, de si divin, que c'est pour cela qu'un Dieu a daigné vivre, souffrir, surtout mourir ; il combat pour l'âme et pour l'avenir immortel.

On ne lui déniera pas davantage la noblesse du motif. De tous les sentiments de notre cœur, quel est le plus noble, sinon l'amour ? De tous les êtres auxquels l'amour peut s'adresser, quel est le plus grand, sinon Dieu ? En combattant pour l'âme et pour l'avenir, le chrétien combat pour glorifier en soi ce sentiment suprême, l'amour divin.

Quant au courage dévoué et qui s'immole, qui en a plus besoin que le chrétien ? Le Maître, Jésus-Christ lui a dit : « Je suis venu apporter non la paix, mais le glaive : » *Non veni pacem mittere sed gladium* (1) : il tient parole. Pour qui marche à sa suite, le monde n'est qu'une arène et la vie qu'une lutte. A la lettre, son ciel est à la violence : *Regnum cœlorum vim patitur* (2) : on n'y entre que par la victoire et en conquérant. En même temps, qui fait preuve d'un plus généreux courage que le chrétien ? Certes, nous sommes loin de nier, qu'en dehors de la Religion, on ne rencontre des actes d'un héroïsme vraiment admirable. C'est la gloire du cœur humain qu'il soit capable de tous les sacrifices pour toute grande cause. Rendons hommage aux dévouements naturels de l'homme à la patrie ou à l'humanité ; et n'en proclamons pas moins, que le cou-

(1) Matth. x, 34.
(2) Matth. xi, 12.

rage des plus grands entre les héros humains, s'élève encore et s'agrandit par le courage du sacrifice chrétien. Être un héros selon le monde, et de plus être chrétien, c'est être deux fois un grand homme.

D'abord, le courage du chrétien est un courage que l'homme doit prendre tout entier, avec la grâce sans doute, mais avec la grâce seule, de lui-même. Il est vrai, je combats pour deux grands objets, l'avenir et Dieu! Mais si sublimes que soient ces choses, elles ont un tort devant moi : l'une est loin, l'autre invisible. Je combats pour l'avenir, oui! mais au prix du présent que j'immole. Je combats pour Dieu, oui! mais Dieu échappe aux sens: c'est déjà un acte héroïque, de croire à la présence d'un maître que je ne vois pas et auquel je me dévoue. Combien de héros humains ont de moindres épreuves! Voyez le soldat sur le champ de bataille : c'est là, certes, le courage intrépide et dévoué. Est-ce manquer à sa gloire, que de rappeler qu'autour de lui tout contribue à exalter son âme et à l'entraîner aux grandes choses; le regard des compagnons et du chef, le mouvement et les bruits de l'action, l'éclat des exemples, le péril même qui se présente de toutes parts, mais qui se présente avec le triomphe ; jusqu'au pays qui est vivant et sensible dans le drapeau; jusqu'au souverain qui anime tout de son nom, qui déjà salue le retour et vient au-devant de la victoire ? Mais le chrétien est seul sur une arène obscure, silencieuse, presque déserte. Ici les sens ne soutiennent pas : il faut se soutenir contre eux. La nature n'exalte pas : c'est le premier ennemi à frapper. Il n'y a pas à s'animer par la gloire : ailleurs, des voix qui saluent, des mains qui applaudissent n'ôtent rien à la vertu ; ici, il n'y a rien à prétendre de l'estime des hommes; comment songer à l'estime d'autrui, quand je dois me refuser la mienne? Ici, il n'y a, le plus souvent, de témoin que l'œil de Dieu ouvert sur tous. Ici, c'est de sang-froid et parmi les seuls bruits des passions au fond de l'âme, qu'il faut prendre son parti et se jeter dans la mêlée. C'est de son cœur seul qu'il faut tirer, avec la grâce, la résolution, l'énergie, le dévouement, le sacrifice, contre l'exemple de la foule et sans soutien que la conscience du devoir.

De plus, le courage du chrétien est un courage de tous les jours et de toutes les heures. Pour lui, la lutte n'a point de trêve, surtout point de repos: c'est parce qu'il a combattu, qu'il doit combattre encore ; c'est parce qu'il a vaincu, qu'il doit vaincre toujours. C'est la beauté de cette lutte, c'en est aussi la difficulté. S'il ne fallait qu'un effort violent pour obtenir de l'âme une résolution sublime mais unique, s'il suffisait de s'abdiquer pour quelques heures et qu'il fût permis de se retrouver ensuite et de se reprendre ; que dis-je? s'il suffisait de se donner tout entier, mais d'un seul coup et dans un sacrifice qui finît tout ensemble le combat et la vie, ce serait un magnanime dévouement, mais qui effrayerait moins le cœur et qui coûterait moins à la nature. Ce qui déconcerte, ce qui désespère même les plus généreux parmi nous, ce qui demande une énergie surhumaine, c'est cette lutte renaissant sans fin de la lutte même ; c'est cette continuité de l'abnégation, c'est ce martyre prolongé qui nous prend à nous-mêmes pour tous les jours, pour toutes les heures, pour toute la vie. Voilà le mérite et la gloire du chrétien. Pour les héros du monde, c'est assez que l'héroïsme se trouve dans certaines actions ou dans un certain ordre d'actions : pour le chrétien, il est dans la vie tout entière. Pour être admirés, les premiers n'ont besoin d'êtres vus que par intervalle : loin de certain théâtre, en dehors de certaines circonstances, le monde leur permet de ne se ressembler plus à eux-mêmes et de rentrer dans la foule. Le chrétien reste soi-même sur toute scène et en toute circonstance. Il ne craint aucun jour et aucun regard, assuré de grandir d'autant plus qu'on le regarde de plus près: il est héros toujours, héros en tout et héros pour tous.

Enfin, mes Frères, le courage du chrétien c'est le courage de l'homme contre lui-même; cela dit tout. Lutter contre la malignité de la fortune, lutter contre la maladie qui fait sentir ses douleurs sans relâche, lutter contre l'ingratitude ou l'injustice ou la haine des hommes, cela suppose une énergie singulière et dont peu d'hommes sont capables. Mais lutter en son propre cœur et contre soi, que cela demande une autre force et une autre constance! C'est la vie chrétienne cependant : ou elle n'est pas ou elle est à se renoncer et à se vaincre. Se surveiller sans relâche et s'observer en toutes choses; faire violence à ses penchants; contrarier ses sensibilités; immoler ses répugnances ou ses goûts; ne faire jamais ce qu'on veut, toujours ce qu'on ne veut pas; se diviser d'avec soi et se scinder violemment en deux pour armer une moitié de soi contre l'autre ; ne vivre que de ses combats contre son cœur et porter nuit et jour et jusqu'au tombeau, une âme saignante et mutilée par le sacrifice ; qu'est-ce que le monde peut comparer à cet héroïsme-là ? c'est celui du chrétien. Cet héroïsme est si grand, que ceux-là même, qui ont trouvé en eux plus de force pour les autres luttes, en manquent souvent pour celle-ci. On triomphe au dehors de soi-même ; on succombe au dedans. Intrépide et indomptable sur toute arène, on n'est plus le même sur cette arène de la vie intérieure , de la vie chrétienne. On a donné cent fois, on donnerait encore, au besoin et de la même ardeur, le sang de ses veines : on ne saura pas immoler une répugnance. une sensibilité, un mouvement de la passion au fond du cœur. En un mot, on sera fort devant tout péril et devant la mort; on ne le sera plus devant un sacrifice. N'en soyons pas surpris : la guerre contre soi-même a de quoi étonner les plus fiers courages : les plus saints eux-mêmes ont peine à ne point défaillir. Toujours combattants et toujours victorieux, il leur semble à chaque instant qu'ils vont perdre cœur et céder. Qui fut plus magnanime que saint Paul ? il osait porter à la terre et au ciel le défi de le vaincre. *Quis me separabit à charitate Christi* (1) ? Et cet homme du troisième ciel et confirmé en grâce, comme s'il se sentait à bout de force et de constance, demande à Dieu la fin de la lutte par la fin de la vie. *Quis me li-*

(1) Rom. VIII, 35.

berabit à corpore mortis hujus (1) ? Voilà pourquoi le Saint-Esprit a prononcé que celui qui dompte son cœur est plus grand que celui qui emporte les villes. *Melior est patiens viro forti, et qui dominatur animo suo expugnatore urbium* (2). Voilà pourquoi le véritable chrétien est rare, si rare même, que le monde met en question son existence et le déclare impossible. Voilà pourquoi nous sommes si loin des exemples des saints, tout en professant la même foi et tout en prétendant aux mêmes espérances ; c'est qu'il faut combattre, et que notre cœur nous abandonne au seul nom de ce combat. De là, nos langueurs, nos défaillances, nos chutes. De là, cette vie toute naturelle, toute humaine, toute terrestre, où une

(1) Rom. VII, 24.
(2) Prov. XVI, 32.

si grande part est faite aux créatures, une si petite au Créateur. Que nous manque-t-il? ce n'est pas la lumière; la foi nous la donne : ce n'est pas la force; la grâce nous l'offre : c'est la volonté de suivre la lumière et d'user de la force: ce qui nous manque, c'est le courage contre nous-même.

Ce courage est notre devoir : pour nous, en effet, l'héroïsme n'est pas libre; il est obligé. En nous donnant à Jésus-Christ, le baptême nous a tous voués à la lutte. Il faut combattre pour les vertus sublimes; il le faut, pour les vulgaires: oui, combattre pour croire, combattre pour prier, combattre pour faire un peu de bien, et même et surtout pour ne point faire le mal. Il n'y pas à dire: Je me contente des vertus du monde ; je serai honnête homme. Vous serez chrétien. Il n'y a pas à reculer :

en avant, c'est la nature à immoler; en arrière, ce serait l'âme et la destinée. Je n'ai que le choix entre une misère suprême et la gloire : ou je suis perdu, ou je serai un héros.

Mon Dieu! c'est vous qui créez, par votre grâce, le chrétien : faites en nous et avec nous ce chef-d'œuvre. Vous ne pouvez donner à tous ces supériorités de l'âme qui font les grands hommes dans la société : donnez-nous ce qui fait les sages et les héros dans la religion, l'esprit de foi et l'esprit de sacrifice. Mon Dieu! nous le demandons à votre miséricorde et nous l'attendons de votre puissance.

Ainsi soit-il!

DIMANCHE DES RAMEAUX.

DISCOURS

SUR

TROIS PRIVILÉGES DE L'ÉGLISE.

DISCOURS

SUR

TROIS PRIVILÉGES DE L'ÉGLISE.

> *Benedictus qui venit in nomine Domini* (1)!
>
> Béni soit celui qui vient au nom du Seigneur!
>
> *De l'Evangile de ce jour.*

SIRE,

C'est Jésus-Christ qui est cet envoyé de Dieu, Dieu lui-même, auquel s'adressent les bénédictions, non d'un

(1) Matth. xxi, 9.

peuple, mais du monde. Il lui a plu, mes Frères, de partager avec un autre lui-même, ses droits à la reconnaissance de l'humanité : à ces mots vous nommez l'Église. Jésus-Christ, en effet, s'est si bien personnifié dans son Église, que la religion humaine ne peut l'en séparer, et que de l'épouse comme de l'époux, il faut dire dans le sentiment d'une même vénération et d'un même amour : « Béni soit celui qui vient au nom du Seigneur ! » *Benedictus qui venit in nomine Domini!*

Mais il me semble (1), mes Frères, que vos pensées me préviennent, et que la reconnaissance publique mêle des bénédictions nouvelles à la pompe triomphale du Sauveur du monde. Seigneur

(1) Ce discours a été prononcé le jour de la naissance du Prince Impérial.

Jésus, le maître suprême des peuples et des rois! vous avez entendu nos prières, et vous avez exaucé, dans les vœux du Souverain, les vœux de la Patrie. Nous vous rendons grâces devant vos autels, d'avoir donné à une auguste union la fécondité qui fait la joie de ce grand jour. C'est vous qui avez béni, dans l'héritier du trône, et la foi du Prince qui proclame si hautement et devant le monde entier sa mission et votre providence, et la charité de la pieuse Princesse qui s'honore d'être la protectrice du malheur et la mère de vos pauvres. Achevez vos miséricordes, ô Dieu! Veillez sur ce berceau, dépositaire de tant d'espérances : formez vous-même, et pour le bonheur d'un grand peuple, le fils de l'Empereur : donnez-lui de son père, le génie et la magnanimité; de sa mère, la bonté et l'inépuisable bienfaisance ; de tous deux, la foi sincère et la religion dévouée ; pour tout dire en un mot, mon Dieu ! donnez-lui un cœur digne de sa destinée et digne de son nom. C'est dans cette confiance que nous disons tous : « Béni soit celui qui vient au nom du Seigneur ! Hosanna au fils de David ! » *Hosanna filio David ! Benedictus qui venit in nomine Domini* (1) !

Parmi les priviléges dont Jésus Christ a doté son Église, il y en a trois surtout qui font sa gloire et qui se lient étroitement entre eux. La solennité de ces saints jours les rappelle naturellement, et je me propose, avec la bénédiction de la très-sainte Vierge, de vous les développer : La chaire, le tribunal, l'autel.

(1) Matth. XXI, 9.

I.

Le premier privilége de l'Église, c'est la chaire. Au premier coup d'œil, il n'y a rien là qui ressemble à une prérogative : qui ne peut s'élever une chaire à soi-même, et de là, s'adresser à l'âme et lui parler de Dieu? Voici, mes Frères, ce qui distingue l'Église catholique de toute puissance enseignante ; c'est que seule au monde, elle parle de Dieu avec la mission de Dieu même.

Tel est, en effet, le titre de tout enseignement divin, la mission! quelque chose de plus élevé que le talent, de plus imposant même que la vertu, de plus dominant même que le miracle : la mission! quelque chose de nécessaire ; sans elle, tous ont le pouvoir de parler et nul n'a celui de se faire écouter : la mission ! ce qu'il y a de plus facile à reconnaître, et en même temps de plus difficile à contester ; un fait qui saisit les sens, un droit qui subjugue la raison et captive la conscience : Dieu a envoyé son Fils, Notre Seigneur Jésus-Christ ; Jésus-Christ a envoyé Pierre et les Apôtres ; les successeurs de Pierre, dont la descendance légitime éclate à tous les yeux, envoient l'évêque qui, à son tour, envoie le prêtre. Voilà le privilége de la chaire chrétienne.

Que ce privilége est fécond ! Par la mission, l'Église possède les deux gloires par excellence de la parole, l'autorité et l'efficacité.

Qu'est-ce que l'autorité, sinon la puissance en vertu d'une mission d'en-haut ? Là est sa force : si elle était d'origine humaine, comment s'imposerait-elle à l'homme par le respect et la soumission ? Là est aussi sa grandeur : on l'honore par le caractère, on l'honore par le génie, on l'honore par toutes les supériorités de l'âme ; elle reste au-dessus d'elles toutes. Car ces supériorités, si éclatantes qu'elles soient, après tout, sont de l'homme ; l'autorité est de Dieu. L'Église, mes Frères, possède cette puissance dans l'ordre spirituel. Elle traite avec l'âme, elle traite avec l'âme de l'âme elle-même, et elle en traite souverainement. D'où prend-elle cette souveraineté ? De la conscience qu'elle personnifie Jésus-Christ, qu'elle représente ses droits et qu'elle succède à son empire ; en un mot, de la conscience que, par Jésus-Christ et en son nom, elle est divinement établie la maîtresse et la souveraine des âmes.

Autorité merveilleuse ! Je vous bénis,

mon Dieu ! de l'avoir donnée à votre Église. Oui, j'ai besoin d'un maître, qui commande à mon âme et qui ait le droit de s'en faire obéir. J'ai besoin d'un maître, qui me rappelle ce que j'oublie, qui me reprenne de mes faiblesses, qui me fasse honte et peur de mes passions, qui me force à penser à moi, à l'avenir et à la destinée. Mon Dieu ! J'ai besoin de l'autorité de votre Église, ou je vous échappe et je me perds. C'est là le droit de l'autorité, mes Frères ; c'est celui de Dieu. Et quel autre que Dieu peut franchir le seuil de l'âme, se mêler de sa pensée et de son vouloir intime, en agir avec elle en juge et en maître ? Depuis sa naissance, l'Église fait cela : depuis l'origine du monde, les hommes ne souffrent cela que de l'Église. Il est vrai qu'elle fait cela divinement, en tempérant la liberté par le respect, la puissance par la tendresse : mais ni le respect ni la tendresse ne lui obtiendraient grâce pour son autorité, si elle ne tenait l'autorité de sa mission, et sa mission de Dieu même.

La mission a un autre effet, l'efficacité, c'est-à-dire le pouvoir de convertir. Quel pouvoir ! et quel homme se l'oserait attribuer ? Ah ! nous ne changeons rien de nous-mêmes et nous, moins encore que les autres. Les plus habiles, les plus éloquents, les plus souverains par la parole ne remuent jamais, malgré nous, notre âme au point de lui faire changer sa volonté, si cette volonté nouvelle consiste à congédier les passions. Dieu seul dispose ainsi de nous : il tient cette vertu de sa nature ; l'Église de lui, par la mission. Que dis-je, qui vous soit étranger, mes Frères ? Ce grand miracle de la conversion de l'âme, est-ce que vous ne l'avez jamais vu autour de vous, peut-être en vous-mêmes? Lorsque dans le temple, aux pieds de ces chaires, à une parole de prêtre, la conscience s'éveille, la foi s'anime, une portion jusque-là enchaînée de l'être spirituel redevient libre ; que des aspirations nouvelles se font jour en nous-mêmes ; qu'on se sent plus raisonnable, moins terrestre et plus esprit ; qu'on se dit : Il faut changer, il faut quitter les créatures et se donner à Dieu ; alors on est sous la puissance de la grâce : alors on est la démonstration vivante de l'efficacité de la parole de l'Église. Il ne tient qu'à nous d'en faire l'expérience. Jésus-Christ, qui parle au-dehors par son envoyé, parle par son esprit, au dedans et à l'intime de l'âme qui sait se recueillir et écouter. Tous, notre présence ici en est la preuve, nous rendons hommage à la mission qui amène dans la chaire le prédicateur du dehors : ayons aussi notre hommage pour le prédicateur du dedans, le Saint-Esprit ; et que ce soit de l'écouter au fond du cœur et de lui obéir. Ne craignons rien de ses lumières : Jésus-Christ ne ressemble pas aux maîtres mortels qui, en nous montrant que nous sommes mauvais, ne peuvent rien pour nous rendre bons. Ses lumières humilient l'âme sans la désespérer ; car elles nous révèlent en même temps, et le mal que les passions ont mis en nous et le remède qu'un Dieu a institué dans son Église pour le guérir. Après la chaire, le tribunal.

II.

Il y a quelque chose de plus divin que d'être le maître de l'âme, c'est d'être son sauveur. Aller à une âme qui s'est mortellement blessée par les passions; lui dire comme Jésus-Christ au lépreux de l'Évangile : Je le veux, soyez guérie ! *Volo, mundare* (1) ! opérer en elle, tout ce que la parole signifie ; d'un mot fermer ses plaies, en un instant la rendre à la santé parfaite ; qu'imaginez-vous de comparable à cette puissance ?

Cette puissance est tout à fait inimitable. On peut, jusqu'à un certain point,

(1) Luc. v, 13.

usurper la puissance de la parole : on peut faire le prophète, et tromper les foules en couvrant l'absence de la mission d'en-haut par les prétentions de l'inspiration divine. Mais d'appeler à soi la conscience ; de lui dire : Accuse-toi et repens-toi, et au nom du ciel, je te pardonne ; en un mot, de faire, non plus le prophète, mais le Dieu auprès d'elle, en lui promettant de la renouveler par une création véritable ; on ne tente pas sérieusement une telle usurpation.

L'Église réclame cette puissance et l'exerce. Il n'y a pas à nier : son tribunal est visible ; tous n'y viennent pas, tous savent qu'il existe et où il existe. De plus, l'Église a toujours réclamé cette puissance et l'a toujours exercée : elle le prétend, et jusqu'ici on n'a pu confondre ses prétentions. Ses ennemis ont interrogé, jour par jour, les siècles qui nous séparent de son berceau; ils ne sont venus à bout de surprendre ni le lieu ni l'heure où l'usurpation commence. Le préjugé, la haine peut bien dire du tribunal de l'Église : Je ne saurais admettre que ce soit divin ; on lui porte le défi de dire: J'ai la preuve que c'est humain.

Que ce pouvoir est glorieux ! Voilà ce qui tiendra toujours les philosophies et les religions humaines à une distance infinie de l'Église : elles ne peuvent rien pour la conscience. Aussi la conscience ne va point à elles ; la conscience irait à elles, qu'elles ne sauraient en sa présence que s'effrayer de leur nullité, et que s'écrier comme ce roi d'Israël à qui le roi de Syrie demandait la guérison de Naaman (1) : Nous prend-

(1) IV Reg. v, 7.

elle pour des dieux, et l'homme a-t-il le pouvoir de changer l'homme? Sans doute ce pouvoir peut appartenir à l'homme, mais sous la condition que l'homme soit envoyé de Dieu. Il faut personnifier Jésus-Christ par la mission, pour reproduire la puissance de Jésus-Christ par l'action.

En même temps que ce pouvoir est consolant pour l'homme! Le tribunal de l'Église de moins, où aller? Que devenir? Que faire sous le poids d'une conscience chargée du péché, et sous le coup de la justice de Dieu qui en est le vengeur? Je m'accuserai, dit l'homme du monde, je m'accuserai au ciel; je dirai à Dieu : Ayez pitié de moi. Dieu, qui est bon, s'attendrira; Dieu, qui est miséricordieux, me pardonnera... Vous l'affirmez! Sur quelle autorité? Qui vous l'assure? N'y a-t-il pas lieu au moins à un doute ? Peut-être Dieu accepte mon repentir : peut-être il ne l'accepte pas ! peut-être il pardonne : peut-être il ne pardonne pas ! peut-être la miséricorde : peut-être la justice et une perte éternelle ! Dans ce peut-être, quel moyen de reposer, de jouir de soi et d'être tranquille ? Est-ce qu'on le peut, si on a la foi, si l'on a quelque souci de son âme, si l'on comprend ce que c'est que perdre Dieu et soi-même et pour une éternité ?

Or, mes Frères, en dehors de l'Église qui possède la mission d'en haut, ce doute, ce peut-être est toute la réponse que la conscience coupable se peut donner à soi-même. Que je vous plains, ô vous qui vivez volontairement loin de l'Église, notre mère à tous ! Vous vous condamnez à ne rentrer jamais dans votre âme ou à n'y trouver que des terreurs et rien qui rassure, des désespoirs et rien qui console. Si vous ne réfléchissez pas, qu'êtes-vous et méritez-vous le nom d'hommes? Si vous réfléchissez, que se passe-t-il en vous-mêmes? Douloureuse alternative ; et comment y échapper? Enfants de l'Église, bénissez Dieu et votre Mère : vous ne connaissez pas ce supplice. Vous avez péché: accusez-vous, l'Église écoute vos accusations ; repentez-vous, l'Église reçoit votre repentir: demandez grâce, l'Église, au nom du ciel, vous pardonne. Mais, dites-vous : Est-il assuré, et qui m'en est garant? Je vous réponds : Est-il assuré que le prêtre soit envoyé de l'évêque ; que l'évêque soit envoyé du pontife romain ; que le pontife romain succède à un pontife, qui lui-même succède, par ses prédécesseurs, à l'envoyé immédiat de Jésus-Christ. Simon Pierre? Est-il assuré que

Jésus-Christ ait dit à l'Apôtre, et à tous ses frères, et à tous leurs successeurs dans l'apostolat : « A qui vous remettrez les péchés, ils sont remis? » *Quorum remiseritis peccata, remittuntur eis* (1). Qu'avez-vous à douter et à craindre? L'Évangile croule, le christianisme croule, ou le sacerdoce a le pouvoir de Dieu, et vous êtes pardonné.

Mais, il y a quelqu'un que je plains encore plus que l'homme séparé de l'Église; c'est le fidèle, qui a le tribunal réconciliateur à sa disposition, et qui dédaigne et qui fuit. Ingrats et aveugles! que nous sert de fuir? Fuyons-nous la conscience? Fuyons-nous le remords? Fuyons-nous l'éternité, dont la menace est pendante sur nos têtes? Mon Dieu! à quels désespoirs se condamne, pour une heure inévitable, le contempteur

(1) Joan. XX, 23.

de la confession! Aujourd'hui, l'aveu volontaire, un secret dit, sous un sceau inviolable, à l'oreille d'un seul; alors, la révélation forcée, la conviction éclatante et sous les yeux de tous. Aujourd'hui, un regret qui efface et répare; alors, une douleur stérile, excepté pour le supplice. Saint Tribunal, qu'alors vos injures seront bien vengées! Elles le seront trop, mes Frères : aussi faisons-nous d'autres vœux et une autre prière. Saint Tribunal de l'Église, puissiez-vous ne connaître d'autres gloires que celles que l'amour de Jésus-Christ vous a données, les gloires de la miséricorde et du pardon! Puisse l'attrait de la clémence divine que vous représentez, vous amener toutes les consciences! Puisse la force souveraine de la grâce que Dieu a mise en vous renouveler toutes les âmes et les sauver!

III.

L'Église m'a ramené à moi-même par la parole, et elle m'a renouvelé par le pardon. Est-ce qu'il n'y a pas quelque chose de plus à faire pour l'âme, quand on est la religion de l'âme ? Oui, mes Frères: il faut me faire croire à mon renouvellement ; il faut entretenir, assurer cette vie nouvelle qui a été créée en moi-même. L'autel va compléter la chaire et le tribunal.

Quel acte de foi à obtenir de nous, que de nous faire croire à notre propre transformation par le sacrement de pénitence! Croire sans hésitation, croire comme si on le voyait de l'œil des sens, croire que quatre ou cinq paroles prononcées au nom et à la place de Dieu, il est vrai, mais par un de mes semblables, agissent en moi avec une vertu si souveraine, qu'elles anéantissent et créent tout ensemble ; qu'elles anéantissent l'homme qui fut pécheur et qu'elles créent un homme neuveau, pur comme les plus purs, innocent comme les plus innocents ; croire que ces quatre ou cinq paroles m'ont tellement changé et dans le plus intime de mon être que je suis devenu un autre ; oui, un autre à mes yeux, au point que je n'ai plus le droit de me mésestimer, eussé-je été le dernier des pécheurs ; oui, un autre aux yeux de Dieu, au point qu'il peut, qu'il doit m'aimer comme si je n'eusse été jamais un ingrat et un ennemi : convenons-en, cet acte de foi à la puissance de l'Église, à la bonté de Dieu, à ma propre innocence, dépasse les forces de l'homme.

Ou il me faut un miracle, ou il m'est impossible. L'Eucharistie est ce miracle : pour me faire croire à une miséricorde infinie au tribunal, l'Église m'offre une miséricorde encore plus infinie, s'il se peut, à l'autel. Au nom de Dieu, elle me commande de m'unir, par la communion, à Dieu même. Comment douter de la transformation de mon être, lorsque l'Église qui m'a dit : Je t'absous, m'ordonne de ne faire plus qu'un avec celui au nom duquel elle absout ? O Église, ô mère ! votre précepte me répond de la nouveauté de mon cœur et de mon innocence. Vous ne livreriez pas votre Dieu à un coupable ; je crois que vous m'avez donné un être nouveau, puisque vous me donnez Jésus-Christ.

Cependant, il me manque l'aliment de cette vie nouvelle reçue au tribunal : où le trouver ? Encore à l'autel. L'âme a ses lois comme le corps, et qu'elle ne peut violer sans périr. Que le corps s'isole dans la nature et n'emprunte plus rien de ce qui l'entoure, il s'affaiblit, s'épuise et meurt; que l'âme s'isole de Dieu et n'en reçoive plus la grâce, la vie spirituelle va languir, défaillir, s'éteindre. Le secret de faire vivre l'âme, c'est de mettre Dieu dans l'âme : qui fait cela comme l'Église? Par la communion, elle met en nous plus que la grâce, celui qui en est la plénitude, Jésus-Christ. Ah! nous ne comprenons pas assez ce que nous est Jésus-Christ : il est à l'âme ce que l'âme elle-même est au corps. L'âme de moins, que devient la vie naturelle? Jésus-Christ de moins, que devient la vie surnaturelle? Jésus-Christ le sait : il ne se contente pas de venir à nous par sa parole et par sa grâce, il vient en personne dans son sacrement adorable ; il nous ordonne de nous incorporer la vie dans sa source, en nous incorporant son Être divin par la communion. *Amen, amen dico vobis, nisi manducaveritis carnem Filii hominis et biberitis ejus sanguinem, non habebitis vitam in vobis* (1). Désormais, toutes nos infirmités ont leur remède. Que l'homme ne dise plus, pour s'excuser de la vertu : Comment devenir bon? tout est mauvais en moi-même. L'Eucharistie confond ces excuses : tout n'est plus mauvais dans l'homme, puisque la communion met dans l'homme celui qui est le bien suprême. Qu'on ne dise plus : Comment lutter et combattre? je suis seul contre les sens, les passions et moi-même. L'Eucharistie nous défend ce langage : par la communion, le chré-

(1) Joan. VI, 54.

tien n'est plus seul ; il a Jésus-Christ, non pas à côté de lui, comme un chef à côté du soldat qu'il anime ; mais en soi, comme un second lui-même qui, en défendant le cœur de l'homme, défend sa gloire et sauve sa grâce. Enfin, qu'on ne dise plus : Mais l'Évangile demande trop à ma faiblesse ; je ne puis pas. L'Eucharistie est la réponse à ces prétextes de la volonté défaillante : avec Jésus-Christ qui se donne dans la communion, nul n'est faible sinon qui ne veut pas de la force ; nul ne manque de puissance sinon qui craint de pouvoir trop pour le sacrifice. Ainsi, l'Eucharistie achève et complète la transformation de l'homme ; on n'est plus en soi et on n'est plus à soi. De là, la générosité et les dévouements de la vie chrétienne ; de là, le courage pour rester à Dieu et à sa grâce. On veut demeurer digne de celui qu'on a possédé en soi-même ; on craint, en quittant la vertu, de profaner plus qu'une âme, de profaner ce qui s'est uni à l'âme, Dieu même. Voilà la raison du précepte de Jésus-Christ et de l'Église aux solennités de la Pâque : Jésus-Christ, l'Église aiment trop l'homme, pour laisser l'homme à lui-même et à son vide ; c'est pour cela qu'ils nous commandent d'aller à la vie en allant à l'autel. O charité vraiment divine ! nul besoin des âmes n'est trahi, nulle misère n'est délaissée ; le Dieu de l'Eucharistie va au-devant de tous et se donne à tous. C'est sa gloire d'être tout entier à nos âmes ; c'est la gloire de son Église qu'il ne puisse être à nos âmes que par elle.

Ici, mes Frères, quelle réflexion se présente ! Jamais, et j'en loue notre siècle, on n'a plus remué que de nos jours le grand problème de la réforme morale de l'humanité. Il y a dix-huit cents ans que la Religion a résolu le problème. En proclamant, au nom de Jésus-Christ, le précepte eucharistique, elle a établi en permanence, au sein des sociétés, le principe le plus fécond de tout renouvellement spirituel. Elle dit à l'homme : Vous viendrez tous les ans accuser, en les pleurant, devant votre Dieu vivant dans son sacerdoce, toutes les faiblesses de la conscience. Mais on pourrait tromper la loi par des aveux sans franchise ou des regrets sans sincérité ; donc, après le tribunal, l'autel. Prenez garde, ô homme ; il s'agit de s'unir ou à un père ou à un juge, ou à un ami ou à un vengeur : point de milieu ; ou porter l'innocence à l'autel, ou y trouver un crime nouveau et sa perte. Réfléchissez, mes Frères, et dites s'il est un ressort plus énergique de régénération morale. Imposer à tous l'obligation de venir, chaque année, aux pieds du Dieu qui les doit juger, faire amende honorable pour le passé et renouveler un serment de fidélité pour l'avenir ; dire aux passions : Je romps avec vous, à la vertu : Je vous rends mon cœur et sans retour ; jurer de vivre désormais en homme, en ange, c'est-à-dire en chrétien ; quel hommage plus éclatant au devoir ! quelle garantie plus élevée et plus sûre de l'accomplissement de toute obligation divine et humaine ! quel moyen plus puissant de réforme pour les âmes ! Que la loi soit observée par la foi et la libre obéissance de tous, et le monde se transforme ; la société chrétienne redevient ce qu'elle fut à sa naissance, le sanctuaire de toutes les vertus et comme une vision des cieux sur la terre.

Fasse le ciel que cette loi divine ne trouve parmi nous que des disciples fidèles! Quelle joie pour l'Église si, tous répondant à son appel, ses yeux, au jour de la Pâque, n'apercevaient aucun vide à la table de vie! Épouse du Christ et Mère des hommes, c'est tout son bonheur ici bas de donner les âmes à Dieu par la pénitence, et de donner Dieu aux âmes par la communion. Allons donc, à la voix de notre Mère, allons à Jésus-Christ dans son Sacrement adorable. Plus heureux que le peuple de Jérusalem, c'est bien nous qui aurons le droit de nous écrier, à l'entrée solennelle du Sauveur dans nos âmes : Béni soit celui qui vient au nom du Seigneur! Béni soit-il pour la grâce qu'il nous apporte, et béni encore pour la gloire dont il nous donne le gage en se donnant lui-même.

Ainsi soit-il!

VENDREDI-SAINT.

DISCOURS

SUR

LA PASSION DE N. S. JÉSUS-CHRIST.

DISCOURS

SUR

LA PASSION DE N.-S. JÉSUS-CHRIST

Nos autem prædicamus Christum crucifixum... Dei virtutem (1).

Nous prêchons Jésus-Christ crucifié, la force de Dieu.

SIRE,

Le mystère de Jésus-Christ crucifié n'est pour le monde qu'un mystère d'ignominie et de faiblesse : à ne juger que

(1) I Cor. I, 23, 24.

sur l'apparence et par les sens, le monde a raison. Quel homme rassembla jamais en soi plus de douleurs et d'infirmités et de hontes, que Jésus-Christ au Calvaire et dans sa mort? La chair est en lambeaux; l'âme est plus meurtrie encore et plus déchirée; l'humanité est tellement défigurée qu'on ne peut la reconnaître; *Vidimus eum et non erat aspectus* (1); la Divinité est couverte de tant d'ombres qu'on la dirait anéantie. *Semetipsum exinanivit* (2). Mais la foi a d'autres lumières que le monde. Le martyre de Jésus-Christ, où les sens ne voient qu'une défaite, lui apparaît comme le suprême triomphe; chaque honte lui est une gloire, chaque faiblesse une puissance, et elle s'écrie avec l'Apôtre :

(1) Is. LIII, 2.
(2) Philip. II, 7.

Le Christ sur la croix est la vertu de Dieu même. *Christum crucifixum, Dei virtutem* (1).

En effet, mes Frères, que voyons-nous sur ce théâtre sanglant du Calvaire? Des persécuteurs qui font souffrir Jésus-Christ, Dieu à qui Jésus-Christ offre ses souffrances, l'humanité que Jésus-Christ prétend attirer à soi en souffrant. Or, de quelque côté que vous envisagiez l'adorable martyr, la Foi vous le montre toujours triomphant; triomphant de ses ennemis qu'il confond, triomphant de Dieu qu'il désarme, triomphant de l'humanité qu'il subjugue.

(1) I Cor. I, 23, 24.

I.

Il triomphe de ses ennemis qu'il confond. Que prétendaient les Scribes, les Pharisiens, les princes des Prêtres? anéantir dans son supplice sa mission, sa doctrine, et, s'il se pouvait, sa personne. Le supplice tourne contre eux-mêmes et pour leur victime.

D'abord, au lieu d'anéantir sa mission, ils la marquent d'un caractère surhumain. Que ses persécuteurs se rassemblent ; qu'ils l'élèvent sur la croix (1); qu'ils insultent à ses douleurs (2); qu'ils se disputent au sort, et

(1) Matth. XXVII, 31.
(2) Matth. XXVII, 39.

dans des jeux impies, ses vêtements (1); qu'ils abreuvent sa soif de fiel et de vinaigre (2); qu'ils se moquent même de son agonie (3), et qu'ils répondent à son dernier soupir par une raillerie atroce; qu'ils perdent jusqu'au respect de la mort, et percent d'un fer meurtrier le cœur de la victime expirée (4), pour y prendre la dernière goutte du sang laissé par le martyre; ils croient n'être que ses ennemis, ils sont ses serviteurs et les instruments de ses volontés souveraines. Malgré eux et par leurs violences, ils ne réussissent qu'à confirmer sa mission par la plus éclatante des preuves. Qu'avaient annoncé les Prophètes. que

(1) Matth. xxvii, 34.

(2) Matth. xxvii, 35.

(3) Matth. xxvii, 49.

(4) Joan. xix, 34.

les persécuteurs n'accomplissent eux-mêmes et par leurs haines? Les Prophètes avaient dit que l'un des siens le trahirait (1); voici Judas : que ses disciples l'abandonneraient (2); où sont ses disciples? que des juges iniques le condamneraient (3), et que son peuple demanderait son sang; qu'a fait la Synagogue et que demande le peuple? qu'on le clouerait à la croix (4), et qu'on le confondrait avec les scélérats (5); de quelle mort le flétrit la haine et de quelle compagnie dans le supplice? Grâce à ses ennemis, Jésus-Christ réalise dans sa passion tout ce qu'ont prédit les oracles, et il a le droit de s'écrier, en mourant, que

(1) Psalm. LIV, 14. — Zach. XI, 12.

(2) Zach. XIII, 7.

(3) Sap. II, 20. — Jerem. XII, 8. — Jerem. XXXVIII, 4.

(4) Psalm. XXV, 17. — Is. IX, 6.

(5) Is. LIII, 12.

tout est consommé. Triomphez donc, ô divin Crucifié ! Nul apôtre ne fera plus pour vous prouver que ces bourreaux qui vous font mourir ; et, jusqu'à la fin des siècles, le témoignage le plus irrécusable de votre mission divine, ce sera celui de votre martyre sur la croix. *Christum crucifixum, Dei virtutem.*

De plus, les persécuteurs de Jésus-Christ se flattaient d'anéantir sa doctrine dans son supplice : il se trouve que c'est ce supplice même qui fait toute la force de sa doctrine. Qui ne croira à un maître qui soutient un enseignement divin, par l'héroïsme encore plus divin de ses exemples? Le Calvaire lui donne ce nouveau triomphe. Il a dit : Pardonnez à vos ennemis; il pardonne à la haine impénitente et qui l'égorge. Il a dit : Bienheureux les pauvres! son dénûment est si profond, qu'il ne trouve qu'une croix pour mourir. Il a dit : Bienheureux ceux qui pleurent! qui est est allé plus loin dans la douleur? Il va jusqu'aux limites même de notre puissance de souffrir. Il a dit : Bienheureux qui souffre pour la justice! au prix de toutes les immolations ensemble, il est l'athlète, le héros, la victime de la justice. Il a dit : Aimez le prochain comme vous-même ; ah! il l'a aimé plus que lui-même : il lui a donné cette marque souveraine de l'amour, qui est de mourir pour ce que l'on aime. Enfin il a dit : Vous aimerez Dieu de toutes les forces de votre être ; tout son être est en holocauste : il montre que Dieu peut être aimé jusqu'à la perte de l'honneur, de la vie, de tout soi-même. La croix est donc le complément de la doctrine et la force des enseignements de Jésus-Christ. Je vous salue, ô Croix, chaire par excellence du plus grand des maîtres ; ce que vous me montrez dans mon Dieu, m'apprend ce qu'il exige de moi. Je puis être faible et lâche et ingrat ; je n'ai plus de quoi couvrir mon ingratitude et excuser mes faiblesses et mes lâchetés. En présence d'un Dieu mourant entre vos bras, je me condamne si je ne l'imite : les exemples d'un maître crucifié me vouent inexorablement ou au mépris de moi-même, ou au sacrifice. Et vous, ô mon Dieu, voilà le triomphe que vous devez à vos bourreaux : en vous faisant le plus immolé des martyrs, ils vous font le premier des maîtres ; un maître qui consacre ses leçons de son sang, et qui, pour être écouté, pour être cru, pour être obéi, se laisse clouer à une croix. *Christum crucifixum, Dei virtutem.*

Enfin, la Synagogue espérait anéantir la personne de Jésus-Christ dans l'opprobre de sa mort : elle ne fait que lui donner la plus belle des gloires, celle d'une victime. Voilà le véritable aspect du Calvaire et l'idée juste de la Croix. Qui se scandalise d'un Dieu crucifié, ou il n'a pas l'intelligence qui conçoit les grandes choses, ou il n'a pas le cœur qui les sent. Et quelle est la vraie grandeur de l'homme, sinon d'être capable du sacrifice ; et quel est le sacrifice, où l'homme ne laisse quelque chose de soi? Au fond, les héros, les victorieux d'ici-bas, même au jugement du monde, sont bien moins illustres par le succès qu'ils obtiennent que par le prix que leur coûte le succès. Leur héroïsme n'est pas à vaincre ; il est à oublier le repos, à donner du sang, à affronter la mort sous toutes ses faces. Non, non, celui-là n'a jamais vu un grand homme, qui ne l'a vu que dans le triomphateur. Aussi, quel est le héros par excellence, sinon celui qui, s'immolant tout entier, laisse la gloire et le fruit du combat à sa cause qu'il fait triompher, et ne garde pour lui que les épreuves de la lutte, la douleur, la mort, et au besoin l'ignominie? Quand les trois cents de Sparte mouraient aux Thermopyles pour l'indépendance de leur pays, est-ce que leurs blessures n'étaient pas leurs couronnes, et la mort le sacre de leur gloire? Quand ce fier Romain, Régulus, pour sauver l'honneur de son pays, s'offrait aux vengeances de Carthage, est-ce que ses tortures n'étaient pas des grandeurs et son supplice un triomphe? Quand Jésus-Christ meurt au Calvaire, non pour une patrie, mais pour l'humanité, est-ce qu'il ne fait pas quelque chose de mille fois plus héroïque, et dès lors plus glorieux, que s'il mettait ses ennemis sous ses pieds? Le but et la cause transfigurent ici la douleur, l'opprobre et la mort. Le supplice a des hontes, quand il est subi par le crime; il n'a que des gloires, et les plus nobles de toutes, quand il est accepté par l'innocence qui se dévoue. Donc, ô ennemis de mon Dieu, élevez, élevez la croix de son supplice; vous élevez son trône. Ceignez sa tête d'épines; vous lui mettez au front la plus magnifique des couronnes, celle du dévouement. Rassasiez-le de hontes et d'opprobres; vous lui donnez ses titres à une vénération éternelle. Ne faites de sa chair qu'une plaie sanglante; ce sang est la vraie pourpre de la plus haute des royautés, la royauté des âmes. Enfin, arrachez violemment sa vie dans l'excès des tourments; sa mort lui vaut des autels, et l'humanité est à genoux devant son martyr. Ainsi, mes Frères, de quelque côté que j'envisage le Calvaire, tout y est auguste, glorieux, triomphant; et ravi de tant de grandeurs et de tant de puissance, je ne sais que répéter la parole de l'Apôtre : Jésus crucifié est la vertu de Dieu. *Christum crucifixum, Dei virtutem.*

II.

En second lieu, sur la croix Jésus-Christ triomphe de son Père. On triomphe, mes Frères, toutes les fois qu'on obtient ce que l'on prétend. Que prétend Jésus-Christ, en mourant sur la croix, sinon de nous arracher à la justice de son Père, en se mettant lui-même à notre place sous les coups de cette justice infinie? Il réussit, chrétiens, il réussit : les rigueurs de son Père ne le prouvent que trop. Pourquoi semble-t-il le rejeter de son cœur comme un maudit; *Factus pro nobis maledictum* (1), en telle sorte que repoussé du ciel et de la terre, l'adorable martyr ne sait plus que s'écrier : « Mon Dieu, mon Dieu, pourquoi m'avez-vous abandonné? » *Deus meus, Deus meus, ut quid dereliquisti me* (2)? O cri du délaissement, vous êtes le cri de la victoire. Ne voyez-vous pas, mes Frères, que Jésus-Christ est venu à bout de ses desseins et que nous sommes sauvés? Oui, la substitution est acceptée : la justice de Dieu ne met la main sur l'innocent que parce qu'il représente pour elle les pécheurs. Dieu est trop bon, trop équitable pour

(1) Galat. III, 13.
(2) Matth. XXVII, 46.

vouloir en même temps deux victimes; puisqu'il frappe son Fils, c'est qu'il fait grâce aux hommes. Ainsi, le triomphe de Jésus-Christ est complet. Il a pris sur soi nos péchés et il a mis en nous son innocence et ses sacrifices: tout ce que nous méritions lui est dû, parce qu'il s'est couvert de notre iniquité; mais en même temps tout ce qu'il mérite lui-même nous est dû, parce qu'il nous couvre de sa sainteté. Justice de Dieu, que pouvez-vous contre nous? Vous cherchez les coupables, les voilà tous en un seul: frappez donc le martyr qui s'offre à vos coups et pardonnez à l'humanité. Que dis-je? c'est trop peu du pardon; il nous faut des couronnes: on ne pardonne que le crime, mais on couronne le mérite. Regardez, ô Père, regardez! Où sont nos crimes à cette heure? Le sang du Calvaire les a tous effacés; il n'y a plus en nous que l'innocence et les mérites de votre Fils.

Aussi, mes Frères, contemplons, écoutons Jésus-Christ sur sa croix; et par ce qu'il dit, et par ce qu'il fait, estimons sa puissance et sa victoire. Déjà je l'entends réclamer les âmes qu'il rachète, et sommer son Père de les rendre à son amour. «Père,» s'écrie-t-il; quand il parlera pour lui-même, il parlera en coupable, il dira: Mon Dieu! *Deus meus!* Ici il parle pour les âmes et il dit: «Père, pardonnez-leur.» *Pater, dimitte illis* (1). Il ne sollicite pas avec larmes et en tremblant; il réclame, comme un maître, ce qui est à lui; il commande presque comme un vainqueur qui fait la loi. Père, pardonnez à tous ceux qui pèchent en ce moment et à tous ceux

(1) Luc. XXIII, 34.

qui pècheront jusqu'à la fin des siècles : « ils ne savent pas ce qu'ils font ; » *Non enim sciunt quid faciunt* (1) ; et quand ils le sauraient, n'importe : voilà du sang pour couvrir leur iniquité et leur malice. Je prends tout, j'expie tout, et je réclame pour tous le pardon, non comme une grâce, mais comme une dette de votre justice satisfaite et vengée. *Pater, dimitte illis.*

Et pour que rien ne manque à l'éclat du triomphe, voilà qu'il fait, sans plus de retard, l'application solennelle de ce pardon conquis par ses souffrances. Il y a, sur le Calvaire, deux criminels dont la Synagogue lui a infligé la société infamante (2). Tous deux impénitents jusque dans le supplice, le blasphèment et

(1) Luc. XXIII, 34.
(2) Luc. XXIII, 39.

lui insultent. Dans l'indépendance et la plénitude de sa puissance, il choisit l'un d'eux : non pas un pécheur vulgaire ; on eût pu croire que la vertu de sa grâce avait des limites ; mais un scélérat chargé de toutes les ignominies de la conscience et de toutes les flétrissures de la loi. D'un seul coup, il l'éclaire, il le touche, il le transforme. Soudain ce voleur, ce supplicié, ce rebut de la société qu'il souillait, désapprend le blasphème et se met à parler la langue de la foi et de l'espérance: le voilà qui confesse ses crimes en pénitent, et qui glorifie Jésus-Christ en apôtre. *Domine, memento mei, cùm veneris in regnum tuum* (1). « Seigneur, s'écrie-t-il, souvenez-vous de moi quand vous serez dans votre royaume. » O mi-

(1) Luc. XXIII, 42.

racle du repentir et de la foi d'un grand coupable ! O miracle plus surprenant encore de la vertu d'un crucifié ! Jésus-Christ prend au mot le criminel qui l'implore. Lui, le délaissé, le moqué et le honni de tous, il fait le plus grand acte de la souveraineté, même dans un Dieu. Il dispose de quoi ? du ciel et de l'éternité ; il dispose de l'âme et de Dieu, en les donnant l'une à l'autre. « En vérité je vous le dis : aujourd'hui vous serez avec moi en paradis. » *Amen dico tibi, hodie mecum eris in paradiso* (1). Quelle puissance d'une victime et quel triomphe d'un crucifié ! *Christum crucifixum, Dei virtutem.*

Et ne dites point : C'est là une exception de miséricorde, quelque chose de singulier et d'unique et qui ne saurait

(1) Luc. XXIII, 43.

regarder l'humanité tout entière. Voyez-vous au pied de la croix, Jean, le disciple bien-aimé, et Marie, l'auguste Mère de la victime ? Jésus-Christ va prouver à l'univers que son sang nous mérite à tous le pardon et le salut. Que fait-il ? il se substitue, dans la personne de l'Apôtre, tous les hommes et il les donne tous à sa Mère pour lui être ses fils, c'est-à dire, d'autres lui-même. «Femme, voilà votre fils ! » *Mulier, ecce filius tuus* (1) ! Quelle preuve plus irrécusable de la justification de tous dans le sang d'un seul? Voudrait-il ne faire présent à Marie que d'un peuple de coupables et de réprouvés? En même temps, il nous donne Marie, comme il nous a donnés à elle. *Ecce Mater tua* (2). « Mon Fils,

(1) Joan. XIX, 26.

(2) Joan. XIX, 27.

voilà votre Mère. » Certes, les fils de Marie ne peuvent plus être les fils de la colère et de l'anathème : qui nous donne Marie, nous donne la Mère de la grâce et de l'espérance, et par cela seul le gage de la réconciliation accomplie, les arrhes et le titre même de la prédestination et du salut. O Vierge de douleurs! consolez-vous, consolez-vous de votre martyre. Qu'il est déchirant! mais qu'il compense bien les déchirements par sa fécondité ! Ce fils, que le supplice vous dispute, ce n'est plus un vaincu qui succombe misérablement aux coups de la haine ; c'est un vainqueur, pour qui les outrages, les douleurs, la mort ne sont, à vrai dire, qu'une pompe triomphale. Écoutez, ô Vierge, la voix de ce Fils adorable. Il a ravi à la justice de son Père nos âmes, et il vous offre ces douces et chères conquêtes de son sang. Vous ne perdez pas le fils de vos entrailles; quelques heures encore, et le sépulcre vous le rendra plus vivant et plus glorieux que jamais; et vous gagnez les fils nouveaux et innombrables de l'adoption: vous ne perdez pas Jésus-Christ et vous gagnez l'humanité. Triomphez donc, vous aussi, noble compagne de son sacrifice; oui, triomphez dans cette famille que vous donne le Calvaire, dans ce peuple des rachetés et des justifiés, où il n'y a de coupables que ceux qui s'obstinent à l'être, où il n'y aura de reprouvés que ceux qui auront résolu à tout prix de périr. La vertu du Crucifié nous sauve tous, et son amour nous donne tous à votre cœur maternel. *Christum crucifixum, Dei virtutem.*

III.

Enfin, mes Frères, sur la croix, Jésus-Christ triomphe de l'humanité qu'il subjugue. Contemplons une dernière fois le Calvaire : dans cette multitude autour de la croix, ne reconnaissez-vous pas l'image trop naturelle du genre humain ? Les uns qui blasphèment et se moquent, comme les Pharisiens ; les autres qui ne croient pas, comme les soldats romains ; les autres qui sont insouciants et que la curiosité seule amène à un spectacle fameux (1). Jésus-Christ va leur faire sentir la force de sa grâce et l'effet de son martyre. Il est vrai, il ne fait rien pour les Pharisiens et les princes des Prêtres ; il les abandonne à l'aveu-

(1) Matth. XXVII. — Luc. XXIII. — Marc. XV.

glement volontaire de l'orgueil et de la haine : mais il agit, en maître et en sauveur, sur les autres. Après avoir épuisé tout ce que la malice des hommes et la justice de son Père peuvent lui faire porter de douleurs, voyant les *oracles accomplis* (1) et la rédemption humaine consommée, il se dit que la vie lui est désormais inutile, puisque, ne vivant que pour nous, il ne lui reste plus rien à faire pour nous. Il pousse un grand cri, *clamans voce magnâ* (2), signe de sa liberté, de sa puissance et de sa victoire : il prouve ainsi à l'univers que le supplice ne lui a rien ôté de sa force; et que, s'il quitte la vie, ce n'est point sous l'effort des tortures, mais par un acte de sa volonté souveraine. Ce cri de triomphe est

(1) Joan. XIX, 30.
(2) Matth. XXVII, 50.

son dernier soupir : son âme se retire, et laisse à la croix ce corps sacré qu'elle reprendra dans trois jours, et pour ne plus le rendre, au sépulcre. Il expire, chrétiens, il expire ; mais à ce cri et à ce souffle suprême, tout s'émeut : les ténèbres couvrent le monde ; la terre tremble ; les rochers se fendent ; le voile du temple se déchire ; les tombeaux s'ouvrent et les morts ressuscitent (1). Que veulent dire ces prodiges ? ce sont les signes de la puissance qui a vaincu, et le symbole des changements qui s'accomplissent dans les âmes. Pendant que la Synagogue se réprouve, la Gentilité voit commencer son élection ; le centurion et les soldats romains qui insultent à son martyre, sentent la foi tomber soudainement sur eux comme la foudre ; tout à l'heure

(1) Matth. XXVII, 51.

blasphémateurs, les voilà croyants: ils s'écrient : « Vraiment, il était le Fils de Dieu! » *Verè Filius Dei erat iste* (1)! Les spectateurs ne sont pas moins touchés que le centurion; une force mystérieuse les tire tout d'un coup de leur indifférence, et brise leur cœur d'une componction inconnue: ils sont venus en curieux ou en insouciants comme à un spectacle, ou en ennemis prévenus comme à une vengeance; ils s'en retournent en pénitents, « se frappant la poitrine et rendant gloire à Dieu. » *Percutientes pectora sua, revertebantur* (2). Les disciples eux-mêmes, dispersés par la peur, retrouvent le courage. Joseph d'Arimathie prend, de la croix et de la mort de son maître, une hardiesse nouvelle: « lui,

(1) Matth. XXVII, 54.
(2) Luc. XXIII, 48.

disciple caché jusque-là (1), il demande intrépidement à Pilate le corps de Jésus-Christ, » *Audacter introivit ad Pilatum* (2), pour honorer, dans la sépulture, celui que la Synagogue a prétendu déshonorer dans le supplice. Qui n'admirerait la force et la victoire du Crucifié? Son martyre s'achève à peine, que déjà il remue les âmes, il éclaire les infidèles, il fait rentrer les indifférents en eux-mêmes, il ranime et exalte le zèle de ses disciples. Où sont maintenant les ignominies, les faiblesses, et ce que l'on appelait sa défaite ? O conversion merveilleuse et qui n'est que l'annonce de changements plus admirables encore! Qu'avaient donc vu ces convertis du Calvaire, qui les touche et les transforme

(1) Joan. XIX, 38.
(2) Marc. XV, 43.

subitement? Ils avaient vu plus que la nature bouleversée par sa puissance; ils l'avaient vu lui-même, avec les prodiges de sa patience, de sa magnanimité, de sa charité plus grande que le supplice. Ils l'avaient vu, prouvant son innocence par sa fermeté et relevant, par son innocence, toutes les hontes de sa mort. Ils l'avaient vu persécuté, et priant pour ses persécuteurs; mis en dehors de l'humanité par la haine, et s'oubliant dans l'agonie pour faire du bien à l'humanité. A ce spectacle, et à la vertu intime de la grâce qui l'accompagne, tout a été changé en eux: ils répondent au sacrifice par le sacrifice; au sacrifice de son sang par le sacrifice du préjugé et des passions. Le prodige ne s'arrêtera point à eux; la croix, montrée à tous les peuples et à tous les siècles, renouvellera les mêmes miracles de conversion: jusqu'à la fin des temps, le Crucifié accomplira son oracle «en attirant tout à lui.» *Et ego si exaltatus fuero à terrâ, omnia traham ad meipsum* (1). Bientôt ses Apôtres, enflammés par le souvenir de son martyre, iront le prêcher à toute langue et à toute tribu. La Gentilité entendra «la parole de sa croix,» *Verbum crucis* (2), et le récit de sa mort: elle se remuera à la nouvelle d'une immolation si divine, et elle désertera les autels de ses idoles pour porter sa foi et son amour à la plus auguste des victimes. Son dévouement suscitera de toutes parts d'incomparables dévouements; on ne se contentera pas d'adorer et de bénir sa croix, on voudra la porter après lui. Son sang versé pour tous, est comme la séve

(1) Joan. XII, 32.
(2) II Cor. 18.

féconde de tous les héroïsmes de la pénitence, de l'apostolat et du martyre. Les siècles suivent leur cours ; la révolution des ans amène les hérésies, les schismes, les scandales, la persécution sous toutes les formes : parmi les haines, les violences, les trahisons, les chutes, le Crucifié demeure victorieux. C'est son triomphe éternel ici-bas de recevoir toujours des âmes, ce que le premier il a donné aux âmes ; toujours l'amour, toujours le dévouement, toujours le sacrifice. Demandez, ô divin Martyr, demandez ce qu'il vous plaira : des renoncements? on se renonce : du sang? voici du sang : la mort? voici qu'on est prêt à mourir pour vous. Ne vous lassez pas de demander : on ne se lassera pas de donner. Le sexe, l'âge, la condition, rien n'y fait ; tous disent avec votre Apôtre : « La charité du Christ nous presse ; » *Charitas Christi urget nos* (1) ; tous répètent avec lui : « Non, plus vivre pour nous, mais vivre et mourir pour celui qui, le premier, a vécu, et qui est mort pour tous. » *Ut, et qui vivunt, jam non sibi vivant, sed ei, qui pro ipsis mortuus est* (2). O triomphe admirable, qui vous donne ce que l'homme ne donne jamais parfaitement à l'homme, le cœur ; qui vous élève un trône, là où Dieu seul peut avoir le sien, dans l'âme ! O ! Jésus crucifié, vraiment la vertu de Dieu ! *Christum crucifixum, Dei virtutem.*

Et nous aussi, mes Frères, nous l'avons sous les yeux, ce grand spectacle d'un Dieu mourant. Jésus-Christ crucifié est en ce moment devant nous, avec

(1) II Cor. v, 14.
(2) II Cor. v, 15.

ses hontes et ses plaies et son supplice: sera-t-il dit qu'il nous a trouvés insensibles, et que, nous donnant tout, il n'ait rien obtenu de nous? Donc, qu'en ce grand jour, qui est la fête de la charité et la fête du sacrifice, il n'y ait en tous qu'un sentiment, l'amour; qu'un besoin, celui de prouver l'amour par le dévouement. Entendez-vous l'apôtre saint Paul qui nous crie : «Si quelqu'un n'aime pas Notre Seigneur Jésus-Christ, qu'il soit anathème. » *Si quis non amat Dominum nostrum Jesum Christum, sit anathema* (1). Comme s'il disait : Oui, si quelqu'un veut encore être au monde, après avoir été repris sur le monde par tant de violences et par tant d'efforts; oui, si quelqu'un osait encore mépriser

(1) I Cor. XVI, 22.

son âme, après que son âme a été rachetée à si grands frais ; oui, si quelqu'un n'avait nul souci de l'éternité et de son bonheur, après qu'une telle victime a épuisé le martyre pour les lui mériter ; oui, si quelqu'un pouvait regarder Dieu comme un étranger et lui refuser une place dans son cœur et dans sa vie, après qu'un Dieu n'a pensé, n'a aimé, n'a vécu et n'est mort que pour lui ; qu'il soit anathème ! Mais, que dis-je ? non, point d'anathèmes, dans le jour qui efface tous les anathèmes. Parlez plutôt, ô divin Crucifié ! parlez par la voix irrésistible de votre sang répandu pour nous. Achevez d'accomplir votre oracle en attirant toutes les âmes à vous ; ajoutez ce triomphe à tous les autres de faire de notre cœur votre empire ; et par la charité, par le sacrifice, par tous les vertus ensemble de nous unir tellement à vous que nous ne fassions qu'un avec vous, à la vie, à la mort, dans le temps et dans l'éternité.

Ainsi soit-il!

LUNDI DE PAQUES.

DISCOURS

SUR

LES GLOIRES DE JESUS-CHRIST.

DISCOURS

SUR

LES GLOIRES DE JÉSUS-CHRIST.

Nonne hæc oportuit pati Christum et ita intrare in gloriam suam (1)?

N'a-t-il pas fallu que le Christ souffrît et qu'il entrât ainsi dans sa gloire? *De l'Évangile de ce jour.*

SIRE,

C'est la loi établie de Dieu que l'épreuve soit la condition de la gloire: Jésus-Christ n'a pas voulu s'y soustraire.

(1) Luc. XXIV, 26.

Il n'y a que trois jours, nous le contemplions au Calvaire et dans son martyre. Flétri dans sa doctrine, proscrit dans ses disciples, expirant lui-même dans les douleurs et les hontes du dernier supplice, quelles épreuves lui ont manqué? Aujourd'hui tout change: sa résurrection triomphante lui rend mille fois plus de gloire que ne lui en ôta jamais le martyre. Ce flétri est le premier des maîtres; ce proscrit, le premier des législateurs; ce supplicié, le premier des souverains; le maître, le législateur et le souverain des âmes. Ce sont les trois gloires que la foi vénère dans Jésus-Christ et dont je viens, mes Frères, vous entretenir; la gloire de la doctrine, la gloire des institutions, la gloire de la souveraineté. Daigne la très-sainte Vierge, en ce jour la plus heureuse des mères, me mettre sur les levres des paroles qui ne soient pas trop indignes du triomphe et des grandeurs de son Fils!

Quel est le caractère propre de Jésus-Christ, ce qui le met dans une sphère à part et où nul être humain ne saurait s'élever? C'est qu'à la lettre, il est l'homme des âmes: il n'enseigne, il ne fonde, il ne règne que pour elles.

I.

Et d'abord, il est maître et il enseigne. Il ne parle qu'à l'âme et il ne lui parle que de Dieu et d'elle-même. Qui a dit avant lui que le but suprême de l'existence c'est de sauver l'âme, et le secret de la sauver, le sacrifice; c'est-à-dire s'ôter à soi-même pour se donner à Dieu, afin qu'à son tour Dieu se donne et pour toujours? Cette doctrine est tellement à lui, que nul sans lui ne l'eût soupçonnée, et que nul sans lui, même depuis qu'il l'a révélée, ne peut l'entendre. Comment entendre naturellement ce qui est contre nature; et qu'y a-t-il plus contre nature que de se faire mourir? Pour comprendre, surtout pour goûter une telle doctrine, il faut un sens nouveau, le sens du surnaturel. Il faut que le maître crée en nous une puissance surhumaine de percevoir, ou ses leçons nous restent à jamais inintelligibles. *Et nihil horum intellexerunt* (1). Il est vrai que Jésus-Christ ne refuse cette puissance à personne; mais il ne l'accorde que sous la condi-

(1) Luc. XVIII, 34.

tion du désir et de la demande. C'est le seul maître au monde qui doive être écouté à genoux, et qui ne puisse être compris que par la prière. Etre à genoux et prier! Ces deux mots expliquent la destinée de sa doctrine; sa stérilité dans les uns, son empire sur les autres. C'est son caractère le plus divin qu'elle aveugle nécessairement l'orgueil et qu'elle n'ait des lumières que pour les humbles.

Du reste, nul maître n'entre dans l'âme avec cette puissance et de cette façon souveraine: sa parole fait plus que dominer, elle crée. Ses leçons tombent dans le cœur humain, comme autant de germes célestes d'où sortent d'inépuisables fruits d'héroïsme et de vertu. Chacune de ses maximes reste une loi de l'âme; chacune de ses lois a son action qui reste immortelle. Le passé a vu ce miracle; tous les jours, nous en sommes témoins encore. Combien, à côté de nous, qui cherchent dans la retraite une image du ciel et qui mettent toute la vie à prier! qui les voue à cette continuité de l'adoration? une parole de Jésus-Christ : « il faut prier et ne se lasser jamais de prier (1).» Combien qui ont reçu de la Providence la fortune, et que le monde, dans la stupeur, voit abandonner la fortune pour jouir de je ne sais quel bonheur que la nature se refuse à comprendre, celui de ne posséder rien! qui les dépouille? une parole de Jésus-Christ : « Bienheureux les pauvres d'esprit (2). » Combien qui sont pris d'une passion étrange, celle du sacrifice; et qui en sont pris de

(1) Luc. XVIII, 1.

(2) Matth. V, 3.

telle sorte, qu'ils n'estiment jamais s'immoler assez pour le besoin de leur cœur! qui a mis en eux cette soif de l'abnégation? une parole de Jésus-Christ : « Qui veut être mon disciple, qu'il porte sa croix et me suive (1). » Est-ce qu'il n'y a pas, au milieu de nous, des créatures humaines qui trouvaient un trésor d'affections pures et toujours nouvelles au foyer domestique, et qui quittent tout pour porter leur cœur et leur vie à une autre famille qu'elles adoptent, l'innombrable famille des malheureux? qui leur inspire l'amour et le culte du pauvre? une parole de Jésus-Christ : « Tout ce que vous aurez fait au plus petit d'entre les miens, vous l'aurez fait à moi-même (2). » Enfin, est-ce que nous

(1) Matth. XVI, 24.

(2) Matth. XXV, 40.

ne connaissons pas d'autres créatures humaines, qui font profession de vivre non pour elles-mêmes, mais pour autrui ; qui pensent à toute âme qui s'oublie, qui poursuivent toute âme qui s'égare, qui par la parole ou par la prière, et à tout prix, s'efforcent de sauver toute âme qui se perd ? qui a créé le zèle et l'apostolat ? une parole de Jésus-Christ : « Allez et prêchez (1). » Nommez-moi une autre parole au monde, parole de sage ou de prophète, qui ait cette vertu. Avoir parlé à l'âme il y a dix-huit siècles, et depuis n'avoir jamais cessé de se faire obéir de l'âme ; lui avoir demandé le sacrifice, et l'obtenir toujours et si efficacement, que l'abnégation de soi devienne un état et une profession publique, et dans le monde

(1) Marc. XVI, 15.

entier ; il y a là une véritable puissance de création et qui n'appartient qu'à un Dieu.

Et qu'on ne dise pas que ces dévouements ne sont que des exceptions, et que la foule, c'est-à-dire après tout l'humanité, leur demeure étrangère. En est-il moins vrai que Jésus-Christ n'a qu'un but de ses leçons, inspirer à l'âme la volonté et lui apprendre le secret de se sauver? Il n'en faut pas davantage pour l'élever au-dessus de tous les maîtres: par cela seul, sa doctrine se lie indissolublement à l'intérêt suprême de l'être humain. Qu'on dise ce qu'on voudra, la fuite des années et le déclin, de jour en jour plus rapide, de la vie, ne nous trouvera jamais indifférents. Les problèmes dont la solution dépend de la mort, éveilleront toujours l'anxiété dans le cœur de l'homme. Si insouciant ou si ennemi que l'on puisse être de soi-même, il est une question qui ne laisse nul de nous insensible : Dans quelques années, où serai-je, et que vais-je devenir pour l'éternité? C'est la grandeur sans rivale de Jésus-Christ, que nul ne puisse penser à l'avenir sans penser à lui. Il reste à jamais dans le monde, la solution unique de la question par excellence, la destinée.

II

Jésus-Christ est maître : il est fondateur. Comme sa doctrine, ses institutions se rapportent à un seul intérêt, celui des âmes.

Il a créé une société qui est à lui, mêlée aux sociétés temporelles, mais distinguée d'elles par un pouvoir, un ministère, une action qui vient de lui : vous reconnaissez l'Église. Quel a été son but dans cette création? de se reproduire et de se perpétuer dans une représentation humaine, par elle toujours agissant pour sanctifier les âmes et pour les sauver. A-t-il réussi? regardez autour de vous, mes Frères, et répondez. Est-ce que l'Église n'est pas vivante, et aussi vivante, à l'heure où je parle, qu'au jour même de sa naissance? Elle a eu contre elle toutes les épreuves d'ici-bas; elle a survécu. Elle a eu contre elle la force; elle s'est affermie et étendue sous ses coups. Elle a eu contre elle les divisions intérieures et dès son berceau; elle en a profité pour s'organiser dans une plus forte et plus éclatante unité. Elle a eu contre elle les bar-

bares vainqueurs de la civilisation; elle s'est dégagée des ruines d'un monde écroulé, et elle a de sa vie vivifié un monde nouveau. Elle a eu contre elle son propre empire, tous les périls de la puissance triomphante et qui fait tout plier sous soi; elle n'a point succombé à sa fortune. Elle a eu contre elle les réactions de la raison égarée et d'une fausse sagesse; sa constitution a résisté. Quoi plus! Elle a eu contre elle les années et les hommes, le temps et les révolutions; elle est demeurée elle-même. Est-ce qu'il n'y pas là quelque chose de visiblement surhumain? Tout croule; l'institution de Jésus-Christ seule stable. Tout change; l'institution de Jésus-Christ seule immuable. Tout se divise; l'institution de Jésus-Christ toujours une. Tout vieillit; l'institution de Jésus-Christ toujours jeune. Tout meurt;

l'institution de Jésus-Christ toujours vivante. Niez le miracle ; vous le ramenez, en l'excluant. Le plus grand des miracles, ce serait l'Église subsistant dix-huit siècles sans miracle.

D'un autre côté, est-ce que Jésus-Christ n'est pas vivant dans son Église ; enseignant, gouvernant, sanctifiant, sauvant, apôtre dans tout apôtre, pasteur dans tout pasteur? Quand le chef de l'Église définit la tradition et impose sa foi au monde, est-il seul? avec lui, en lui n'y a-t-il pas Jésus-Christ? Quand nos Pontifes gouvernent les Églises que Pierre commet à leur zèle; dans l'évêque mortel n'y a-t-il pas l'évêque immortel, Jésus-Christ ? Quand le prêtre baptise, est-ce l'homme qui crée dans une âme l'être nouveau et surnaturel? n'est-ce pas Jésus-Christ? Quand le prêtre parle dans ces chaires, est-ce l'homme que vous entendez dans le prédicateur? Quand le prêtre s'adresse à la conscience au tribunal et qu'il lui remet son péché, est-ce l'homme qui purifie et qui renouvelle? Quand le prêtre prononce ces paroles souveraines qui nous font tomber à genoux : « *Ceci est mon corps, ceci est mon sang* (1)! » est-ce l'homme qui transforme les substances et qui bouleverse la nature pour mettre un Dieu sur l'autel? avec lui, en lui n'est-ce pas Jésus-Christ? Jésus-Christ absent, qu'est l'autorité? qu'est le gouvernement? qu'est la dispensation de la parole et des sacrements? où est la vérité? où est la grâce? Tout est impuissant; tout est vide; tout est un jeu d'un sacerdoce qui outrage le ciel, l'humanité et soi-même: l'incrédulité

(1) Matth. XXVI, 26, 27.

a raison dans ses insultes et ses blasphèmes; le prêtre est sans titre, l'Église est sans mission, le Christianisme n'est rien.

Il n'y a qu'un Dieu, mes Frères, qui puisse fonder de la sorte: les hommes, si grands soient-ils par le génie, n'ont point cette puissance. Eux aussi, et c'est l'une des plus nobles gloires d'ici-bas, se survivent dans des institutions; mais ils ne les protégent, ils ne les animent après eux que de leur mémoire et de leur nom. Jésus-Christ protége et anime son institution de sa propre vie. Il a dit à son Église, avant de lui retirer sa présence sensible: «Voici que je suis avec vous jusqu'à la consommation des siècles (1);» il tient parole à la hiérarchie et à lui-même. Quand a-t-il man-

(1) Matth. XXVIII, 20.

qué d'être avec elle ou plutôt d'être en elle? La perpétuité, la fécondité de l'Église atteste son action, et son action atteste sa présence. Soyez béni, Seigneur, de cette fidélité à vos promesses! Sans vous, sans votre Église, que serait l'âme ici-bas qu'une abandonnée? Seule avec ses ignorances et ses faiblesses, menacée au dehors par toute créature, menacée au dedans et avec plus de péril par elle-même, que deviendrait sa liberté, sa dignité, son avenir? Mais vous êtes vivant dans votre Église! l'âme n'est plus, ne peut plus être seule en ce monde; elle a toujours près de soi son Dieu pour la conduire, pour la défendre et pour la sauver. *Ecce ego vobiscum sum omnibus diebus, usque ad consummationem sæculi* (1).

(1) Matth. XXVIII, 20.

III.

Jésus-Christ est maître; il est fondateur: il est encore souverain. La souveraineté par excellence, c'est sans contredit la souveraineté de l'âme: qui la possède comme Jésus-Christ? Sa domination se distingue de toutes les autres, en ce qu'elle est celle de l'amour et qu'elle s'étend partout, toujours, à tous. Jésus-Christ règne comme règne Dieu seul, en se faisant aimer : aimer non du cœur seulement, mais de la raison, de la conscience, de tout ce qu'il y a d'éclairé, d'élevé, de saint dans l'être humain, en un mot de l'âme. Il a créé une passion inconnue avant lui et dont il reste l'objet éternel. Combien d'hommes emportent, de leur vivant, l'affection de leurs semblables? Combien surtout la gardent au delà de la vie et quand ils ne sont plus? Hélas! les plus grands hommes ne peuvent se promettre, après eux, l'amour inviolable que d'un petit nombre. La foule, après les premières larmes versées, reprend son cœur sur les tombes les plus illustres. Il reste bien une mémoire glorieuse, un nom béni qui fait battre le cœur, lorsque les lèvres le prononcent ou que le souvenir le rappelle. Mais il n'y a plus l'homme de notre pensée, de notre cœur, qui se mêlait par mille intérêts à notre vie, qui entrait dans notre destinée et semblait faire partie de nous-même. Jésus-Christ n'est pas condamné à n'être, comme les grands hommes de l'histoire, qu'un simple souvenir. Les années ont beau s'ajouter aux années, et tous les jours éloigner davantage les générations qui l'ont possédé vivant ; il n'a rien du passé, sauf la majesté qu'apportent toujours les siècles. Il est actuel, présent, l'homme d'hier sans doute, mais excellemment l'homme de ce jour et de cette heure. Supprimons les dix-huit cents ans qui nous séparent de sa croix, supposons que nous sommes contemporains de son apostolat, lui donnerions-nous, vivant, plus d'affection intime, plus d'amour dévoué qu'il n'en reçoit depuis qu'il est mort ? A la lettre, il règne sur l'âme et sur l'âme tout entière.

Il règne sur l'intelligence. Qu'est-ce que régner sur l'esprit, sinon le faire penser d'après soi ? Il n'y a pas de plus hautes questions sans contredit, que celles de Dieu, de l'âme, de l'avenir ; l'esprit humain n'en demande la solution qu'à Jésus-Christ. Les sages lui ont parlé : il a pu les écouter ; mais se reposer dans leurs doctrines, jamais. Il a pu dans son orgueil, se demander à soi-même la lumière ; il n'a pu se retirer de ses propres ténèbres. Il n'y a que Jésus-Christ qui lui ait donné la clarté et le repos : on ne pense, certainement et en assurance, des choses de Dieu et de la destinée, que d'après lui. Nul qui n'hésite et ne doute et ne perde la paix dans ses incertitudes, s'il n'accepte sa pensée ; nul qui ne soit tranquille et en sécurité dans la lumière, quand il a mis son intelligence à ses pieds. Dix-huit siècles lui ont rendu cet hommage, de se faire de sa raison une raison nouvelle, et comme une seconde intelligence et toute divine : la postérité fera de même. Jusqu'au dernier jour de l'humanité, il faudra dire sur les questions suprêmes :

Je ne sais rien, ou penser d'après Jésus-Christ.

Il règne sur la conscience. L'intelligence a besoin de lumières ; la conscience de vertus. A qui demande-t-elle la sainteté ? à personne ici-bas, un seul excepté. Les hommes peuvent dire de bonne foi aux illustres parmi leurs semblables : Eclairez-nous; ils n'ont jamais dit : Faites-nous un cœur pur. Quand un homme a été coupable devant les hommes, il peut leur demander le pardon et l'oubli ; il ne lui viendra pas à l'esprit d'attendre d'aucun d'eux, qu'il lui fasse un autre cœur et une autre conscience. Il y a dix-huit siècles que l'humanité demande cela à Jésus-Christ : les plus coupables attendent de lui qu'il leur rende ; les plus purs, qu'il leur conserve, en l'accroissant, la vertu. Il y a en tous un instinct de foi qui leur persuade qu'à son contact tout ce qui est souillé se purifie. Cette femme de l'Évangile croyait qu'à toucher le bord de son vêtement elle serait guérie (1): les plus infirmes dans la vie morale croient qu'à être touchés de la vertu qui émane de lui ils retrouveront la santé de l'âme. Cet empire sur la conscience ne s'est vu qu'une fois au monde, et c'est en Jésus-Christ.

Enfin, il règne sur le cœur. Le cœur de l'homme a besoin de s'attacher; et il y a de ce besoin deux raisons, l'une qui tient à notre néant, l'autre à notre grandeur. Toute créature humaine qui rentre en soi, est chassée de soi par le vide de son propre cœur. Elle aspire à je ne sais quelle réalité infinie, placée hors d'elle-même, qui la vivifie de la pléni-

(1) Matth. IX, 21.

tude de sa propre vie. La plante ne se tourne pas plus naturellement au soleil, que le cœur de l'homme à aimer. D'autre part, nous avons besoin de nous donner, comme nous sentons le besoin qu'on se donne à nous. La faculté de se dévouer est la plus noble de notre être, et celle que nous pouvons le moins laisser oisive en notre âme. Aussi, tous cherchent, à leur manière, à qui s'attacher et à qui se dévouer. C'est la gloire de Jésus-Christ d'être l'attachement suprême de l'homme, et en même temps d'en obtenir les plus héroïques immolations. Qui est saisi, étreint comme lui par l'amour humain? Il y a des hommes qui ont voulu mourir pour Jésus-Christ mort pour eux, et on les compte par millions. C'est déjà un miracle et sans égal : mais le miracle des miracles, c'est d'inspirer à l'homme de ne vivre que pour lui. Cela s'est vu depuis dix-huit siècles ; cela se voit tous les jours et dans d'innombrables créatures humaines. On pense comme il a pensé ; on aime comme il a aimé ; on vit comme il a vécu ; on travaille à être humble, parce qu'il a été humble ; à être doux, parce qu'il a été doux; à être détaché, parce qu'il a manqué de tout ; à se crucifier en se renonçant, parce qu'il a vécu et qu'il est mort sur la croix. Qu'attend-on ? que veut-on? rien, sinon lui plaire, s'unir à lui, se perdre en lui. L'œil ne le voit pas, l'oreille ne l'entend pas, les sens ne le saisissent pas ; n'importe, invisible, absent ou plutôt mort pour les sens, on vit avec lui, on s'entretient avec lui, on agit, on souffre, on se fait mourir pour lui. Que peut-on faire de plus pour Dieu? l'humanité fait tout cela pour Jésus-Christ.

Jésus-Christ est le maître, le législateur, le souverain de l'âme : que conclure, sinon qu'il est Dieu? Rappelez-vous la parole célèbre du héros du siècle. Quand il plut à la Providence de couronner en lui toutes les gloires par ce qui les achève toutes, par la majesté du malheur; dans les retours de l'exil et de la solitude, il arrêta ses regards sur cette grande et divine figure du Christ. Il vit qu'au milieu, qu'au-dessus de tous les personnages fameux qui ont apparu au monde, un seul a été l'homme de l'âme et en retour a obtenu de l'âme l'amour héroïque, inviolable, éternel. Alors de l'autorité de son génie, de son expérience et de sa foi, il prononça ce mot que la postérité n'oubliera plus : *Je me connais en hommes, Jésus-Christ n'est pas un homme.* Le mot de Napoléon restera le mot de l'humanité. L'orgueil, pour n'être pas dépossédé de soi-même, aura beau dire : Ce n'est que le premier des grands hommes ; l'humanité protestera contre ce blasphème. Elle sait ce qu'elle est et ce qu'elle peut ; elle regardera et elle montrera, avec une légitime fierté, tout ce que la Providence a fait sortir de son sein, sages, héros, grands hommes : elle s'arrêtera respectueuse et tremblante devant un seul. Aux autres, la gloire et la mémoire immortelle ; à un seul, l'autel et l'adoration : l'humanité admire les grands hommes : elle est à genoux et le front dans la poussière devant Jésus-Christ.

Sire, dans une circonstance solennelle, Votre Majesté a proclamé, à la face du monde, que l'une des grandes œuvres de son règne, c'était de *conquérir à la religion* tant d'âmes qui, *dans un pays de foi connaissent à peine les pré-*

ceptes du Christ (1). Noble tradition de foi, dans un même nom et sur un même trône! Jésus-Christ n'a point oublié ce témoignage : il y a répondu, en donnant toutes les gloires et toutes les bénédictions à l'Empereur. Nous pourrions célébrer ici tout ce que sa providence vous a donné de faire pour la France et pour l'Europe : la voix de la reconnaissance et de la justice peuvent toujours se faire entendre dans la chaire de vérité. Nous imiterons un saint Docteur, louant le grand Théodose : comme lui, dans le souverain nous ne louerons aujourd'hui que le chrétien. *Non tàm imperatorem*

(1) Je veux conquérir à la religion, à la morale, à l'aisance, cette partie encore si nombreuse de la population qui, au milieu d'un pays de foi et de croyance, connait à peine les préceptes du Christ, qui, au sein de la terre la plus fertile du monde, peut à peine jouir de ses produits de première nécessité.

(*Discours prononcé à Bordeaux en* 1852.)

quàm Christi servum prædicarem (1). La foi honorée par d'illustres exemples ; les nécessités des pauvres de Jésus-Christ recherchées et secourues par une bienfaisance vraiment royale; toutes les libertés divines de l'Église protégées par le trône; l'œuvre de Charlemagne continuée, et le vicaire du Fils de Dieu rendu à Rome et à sa nécessaire indépendance ; la Religion appelée dans les camps pour bénir la gloire et consoler la mort, et le soldat et le prêtre se retrouvant dans la fraternité du sacrifice; la souveraineté ramenée à son origine et le prince mettant l'autorité sous la protection de Dieu ; voilà, Sire, ce que nous rappellerons devant les autels ; et dans notre reconnaissance, ne séparant point du Souverain son au-

(1) S. Paulin. *Ep. ad Sever.*, XXVIII.

guste Compagne et le Fils, objet de tant d'espérances, nous dirons à Jésus-Christ: Mon Dieu ! soyez toujours avec l'Empereur. Sire, c'est tout souhaiter à Votre Majesté; tout pour le temps et tout pour l'éternité.

Ainsi soit-il !

TABLE DES DISCOURS.

www.ingramcontent.com/pod-product-compliance
Ingram Content Group UK Ltd.
Pitfield, Milton Keynes, MK11 3LW, UK
UKHW021307190726
13839UKWH00007B/90

9 782329 557724